在此过程中她概括出促进儿童发展的"五要素",发现其不仅适用于语文教学，同样适用于其他各科，于是，她大胆提出"情境教育"，实验进入更为宏观的新范畴，在学校的支持下，从情境教学向各科、向各育拓展，从一个实验班发展到整个学校各科各育联动。在情境教育的实验与研究中，李吉林提出了一系列自己独特的教育主张，构建了情境教育的基本模式和基本原理，成为我国实施素质教育的重要模式之一。

上 _ 与中国教育学会原副会长、情境教育创始人李吉林（中）对话

中 _ 国家社会科学基金课题推进会

下 _ 钱冬梅老师荣获全国语文课堂教学大赛特等奖第一名

上 _ 王海峰老师荣获华东六省一市小学数学第十六届课堂教学比赛一等奖

中 _ 张洪涛老师荣获江苏省青年教师小学语文课堂教学观摩暨优课评选特等奖和
"李吉林语文教学奖",儿童教育家李吉林亲自为他颁奖

下 _ 施丹瑾老师荣获江苏省小学数学课堂教学比赛一等奖

上＿杨惠娟老师荣获 2015 年江苏省"教海探航"论文竞赛一等奖

中＿柳小梅老师荣获 2012 年江苏省"教海探航"论文比赛一等奖

下＿王灿明教授（左一）被中国发明协会授予"建国 70 周年卓越教育十大创新人物"

荣誉称号，受到第十届全国人大常委会副委员长顾秀莲的亲切接见

上 _ 王灿明教授（右一）出席中国发明协会中小学创造教育分会第 25 届年会创新教育名家对话活动
中 _ 王灿明教授为"和而不同　以爱为帆"兰州·南通两地教学研讨活动作学术报告
下 _ 王灿明教授（右二）出席中国教育学会情境教育研修与推广第三次培训活动专家沙龙

本书系国家社会科学基金教育学一般课题（BHA120051）研究成果

大夏书系·教师专业发展

情境教学的力量

促进儿童创造力发展的25个典型课例

王灿明 / 主编

华东师范大学出版社

全国百佳图书出版单位

·上海·

目 录

II

美的
润泽

情的
交融

思的
追寻

儿童创造教育的"情境驱动模式"

——探索与实践

　　近年来，以大数据、物联网和人工智能为支撑的第四次工业革命激荡全球，加速了创新社会的崛起。党的十九届五中全会明确提出，坚持创新在我国现代化建设全局中的核心地位，必须深入实施创新驱动战略，完善国家创新体系，加快建设科技强国，加强创新型人才培养。习近平同志始终强调，少年儿童是实现第一个百年奋斗目标的见证者，更是实现第二个百年奋斗目标的生力军，应该"从小学习做人，从小学习立志，从小学习创造"。加强创新人才的早期培养已成为基础教育改革的中心议题。

　　情境教学是改革开放后我国小学教改中绽放的一朵奇葩。它是儿童教育家李吉林基于长期的教改探索，并吸取古代文论"意境说"的理论精髓而创立的富有时代精神和本土气息的教学模式，为教育部向全国重点推广的教学成果之一。为了深化教学改革，推进义务教育的高质量发展，中共中央、国务院在《关于深化教育教学改革全面提高义务教育质量的意见》中明确提出要"重视情境教学"，体现出党和政府对情境教学的新期望与新要求。为了充分发挥情境教学的示范引领作用，为创新人才的早期培养探寻一条新的路径，我们在中国教育学会原副会长、情境教育创始人李吉林的亲自策划和具体指导下，对情境教学促进儿童创造力发展开展系统而深入的探索，成功构建儿童创造教育的"情境驱动模式"。

　　"情境驱动模式"是一项具有开创意义的实践探索。南京师范大学教育科学学院程晓樵教授认为："王灿明教授通过教育实验构建儿童创造教育的'情境驱动模式'，为积极推进我国创新人才的早期培养提供了一种全新视角和实践路径，对于基础教育领域的管理者、学者、一线教师和家长都有重要的参考价值。"[1]华东师范大学心理与认知科学学院庞维国教授认为："'情境驱动模式'的创建，不仅丰富和发展了情境教育理论体系，而且为中国特色、中国风格和中国气派的儿童创造教育做出了重大贡献。"[2]

儿童创造教育的"情境驱动模式"是如何孕育和诞生的，应怎样实施这一新模式？让我们一起走进这个神奇的教育世界！

一 问题的提出

改革开放以后，我国基础教育改革取得了备受瞩目的成就，但儿童创造力培养却存在着一定程度的"边缘化""空泛化"和"盲目化"现象，制约着创新人才的早期成长。

一是边缘化。长期以来形成的唯理性教育模式与功利主义"考试文化"，导致创造教育时有时无，可有可无，呈现出碎片化的无序状态，儿童创造力培养并未得到应有的重视。

二是空泛化。当下创造教育仍然沿袭着工业社会的机械训练，以单向的知识灌输、创造性思维与创造技法训练为主，未能有机渗透到日常教学活动中，儿童创造力发展所需要的情境未能得到优化，创造教育缺乏有效载体和依托。

三是盲目化。理论研究相对滞后，导致创造教育缺乏科学的理论引领和有效的驱动策略，实践的盲目性、随意性较强，儿童创造力培养的靶向性较弱。

二 "情境驱动模式"的形成过程

"情境驱动模式"的构建历经问题探究、模式建构与实验验证三个发展阶段。

（一）中外儿童创造力培养的比较研究

为了开展国际视野下的本土探索，我们先后赴日本、美国、英国、德国、法国、

---

① 程晓樵:《情境教育促进儿童创造力发展的成功探索》,《江苏教育报》,2020年5月8日。
② 庞维国:《让情境教育为创新人才成长奠基》,《教育研究与评论》,2020年第5期。

意大利、澳大利亚和新西兰交流访学，考察国外儿童创造力培养的新进展，通过大量实验报告和典型案例分析，积极探寻其主要经验与发展趋势。

同时，在上海、江苏、浙江、山东、湖南、湖北、重庆、陕西和甘肃进行实地调研，并对上海市和田路小学、南京市凤凰街小学、江苏省南通师范学校第二附属小学、温州市实验小学、济南市经十一路小学、长沙市沙湖桥小学以及重庆市巴蜀小学等学校的创造教育实施情况进行案例分析，概括我国儿童创造力培养的主要模式和基本经验。

通过比较研究，我们清醒地意识到创新人才早期培养的迫切性，认识到我国与发达国家存在着很大差距，并对如何缩短这些差距进行了较为系统的理论研究和实践探索。

（二）"情境驱动模式"的初步建构

通过不懈探索，我国儿童创造教育已形成三种基本模式。第一种是"心理驱动模式"，主要做法是开展创造性思维或创造技法训练，该模式实施起来较为容易，只要增设一门校本课程，其弊端是游离于学科教学之外；第二种是"学科驱动模式"，主要做法是借助学科教学促进儿童创造力发展，它有利于调动所有教师的积极性，却常常流于形式，缺乏实效性；第三种是"实践驱动模式"，主要做法是开展课外科技创新活动，它虽能有效调动、发挥学生的能动性，但存在空间小、时间少和教师指导力量不足等问题。

基于以上分析，我们取其利而去其弊，将创造性思维、创造技法和科技创新活动有机融入学科的情境教学之中，从而构建起情境驱动模式。具体分为三种操作样式：一是融入实验班的多门学科，二是融入实验班的某门学科（主要是语文或数学），三是融入实验班某门学科的某一模块（如语文中的作文）。这种以深度融合为主要手段的操作模式，依托学科情境教学培养儿童创造力，有助于创造教育从教育的"边缘"走向教育的"中心"。

（三）"情境驱动模式"的实验验证

"教育科学的生命在于教育实验。"只有通过教育实验，才能验证其科学性和有效性，不经过实验检验的教育模式充其量只是一个思想模型。为此，我们以情境教学为自变量，以创造力为因变量，采用等组前后测实验设计，在江苏南通市的八所小学开展实验研究。第一期实验在三所城市小学和一所县城小学开展，第二期实验在一所县城小学和三所乡村小学进行，实验时间都是两年。通过实验探索，"情境驱动模式"得到了不断丰富和完善。

三 "情境驱动模式"的具体内涵

"情境驱动模式"的核心理念为"情境驱动创造，创造点亮童年"，它是依据情境教育、具身认知理论和教育神经科学，以情境建构为手段，以情境活动为载体，以情境教学为方法，在优化的情境中滋养、激活和生发儿童的创造性活动，进而促进儿童创造力发展的一种创造教育模式（见下图）。

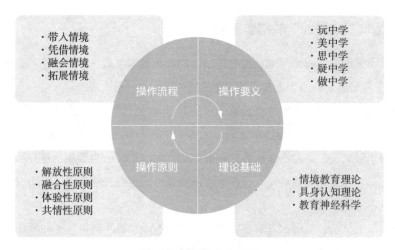

"情境驱动模式"示意图

（一）理论基础

只有夯实理论根基，才能增强实践的科学性、预见性和主动性。"情境驱动模式"的理论基础包括情境教育理论、具身认知理论和教育神经科学。一是情境教育理论。李吉林汲取古典文论"意境说"的理论精髓，提炼"真、美、情、思"四个元素，概括情境教育的四个原理，开发情境课程的四个领域，归纳情境课堂的五个操作要义，对培养儿童创造力具有普遍意义。二是具身认知理论。强调身体、心智、情境在认知过程中的交互性，"美、智、趣"的教学情境有助于诱发儿童的具身体验，为创造活动提供条件。三是教育神经科学。大脑可塑性具有情境效应，情境优化可将过往经验模块与当前情境迅速整合，生成新的认知图式和概念系统，促进儿童创造力的发展。正是因为这些理论的滋养，情境驱动模式得到不断发展，并迅速走出江苏，走向全国。

（二）操作原则

实施"情境驱动模式"，要以"情境驱动创造，创造点亮童年"为核心理念，遵循解放性、融合性、体验性和共情性原则，它们对情境教学的主体、内容和方法提出了明确要求，有助于全面落实创新人才的早期培养任务。

一是解放性原则。李吉林说："每个大脑发育正常的孩子都孕育着创造力，如同一粒沉睡在土壤中等待萌发、急切盼望破土而出的种子。"[①]积极践行"六大解放"，既要解放儿童的头脑和双手，又要解放他们的眼睛和嘴巴，还要解放他们的时间和空间，使每位儿童的创造潜能都得到解放。

二是融合性原则。不同学科的创造有不同的知识基础，创造所需的知识必然源于一门或多门具体学科。我们要改变创造力培养孤立于学科教学的现状，唯有将它有机融入学科情境教学之中，才能厚植创新人才成长的沃土。

三是体验性原则。基于大卫·库伯的"体验学习圈"理论，加强团队学习，搭建儿童亲历体验、头脑风暴和自我突破的成长平台。

四是共情性原则。情境教学让儿童不仅经历了知识的产生和发展过程，而且感受了知识创造的艰辛与快乐，从而理解创造价值，点燃创造梦想。

（三）操作流程

任何教学模式都有其独特而富有成效的操作流程。"情境驱动模式"的操作流程将情境贯穿教学全程，每个环节指向不同目标，使儿童创造力的培养任务落地生根。

一是带入情境，在需要中诱发创造动机。创造动机是儿童走向创造的驱动力，教师可通过多种途径带入情境：或带入真实情境，以现实生活的秘密唤起儿童的好奇心；或带入艺术情境，以迷人的光影魅力诱发儿童的创造灵感；或带入想象情境，以叩击心灵的提问激发儿童的探究欲望。

① 李吉林：《教育的灵魂：培养学生的创新精神（上）》，《人民教育》，2001 年第 9 期。

二是凭借情境，在体验中陶冶创造性人格。推进科技创新，鼓励自主探究，锻炼儿童的冒险性；走进艺术殿堂，寻找创作原型，发展儿童的想象力；参加创新竞赛，激活大脑潜能，培养儿童的挑战性；开发野外课程，探索自然奥秘，拓宽儿童的视野。

三是融会情境，在探究中激发创造性思维。我们可以通过问题情境引发学生的发散思维，也可以通过游戏情境激发学生的求异思维，还可以通过艺术情境润泽学生的灵性思维。这是情境教学的中心环节，是保障教育实验取得预期成效的关键所在。

四是拓展情境，在活动中训练创造性行为。开展社团活动，丰富课余生活，提升儿童的实践能力；整合课程资源，推进大单元情境活动，促进跨界学习；搭建创客空间，配置先进工具和设备，加快儿童的创意物化。

上述四个环节组成"情境驱动模式"的基本流程，但具体如何选择与组合，应视教学内容而定，因而它又是一种动态开放、灵活多变的教学模式。

（四）操作要义

"情境驱动模式"的基本要义包括"玩中学、美中学、思中学、疑中学、做中学"，既明确前提和基础，又突出核心和主线，并有效拓展操作途径，进而形成一套完整的操作体系。

一是以培养兴趣为前提，玩中学。秉承"寓教于乐"的教学理念，重视游戏情境建构，将枯燥无味的知识转化为兴趣盎然的内容，让儿童玩得开心，学得轻松。

二是以观察世界为基础，美中学。贯彻教学的美感性原则，以自然美、生活美和艺术美建构情境，让学习成为一种享受。

三是以发展思维为核心，思中学。将知识镶嵌到真实、优美和生动的情境之中，让儿童通过自主探究去发现知识，从而体验知识的形成过程，推动儿童创造性思维的发展。

四是以问题解决为主线，疑中学。建构问题情境，启发儿童积极思维，既能让儿童动起来，也能让课堂活起来。

五是以活动探究为途径，做中学。推进项目化教学，使教学过程成为儿童积极参与的创造活动，不断提高其分析和解决问题的能力。

四 "情境驱动模式"的实践成效

实施"情境驱动模式",不仅促进了儿童的创造性思维发展,而且促进了教师的专业发展。其系列实验报告详见《情境教育促进儿童创造力发展:理论探索与实证研究》一书的第十章。

（一）实验干预成效显著

我们在每所小学的一年级、三年级与五年级中分别选取两个班作为实验班和对照班,前者实施实验干预,后者开展正常教学活动,实验为期两年。采用"托兰斯创造性思维测验"对实验班与对照班的所有儿童进行前测、中测和后测,结果显示（见下图）,实验有效促进了中低年级学生创造性思维的发展。今后,我们应根据高年级学生的发展特征开发针对性更强的实验方案,推动情境教学的创新发展。

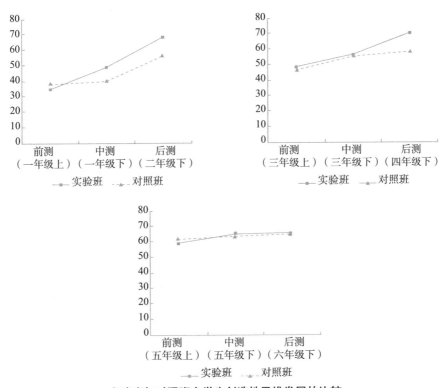

实验班与对照班小学生创造性思维发展的比较

追踪调查发现，无论在学习成就，还是在创新竞赛上，实验班学生都取得了很大的进步。仅在江苏省第26、27届"金钥匙"科技竞赛中，实验班学生获一等奖的就有8人，获二、三等奖的有36人。在世界教育机器人大赛2016赛季世界锦标赛上，南通市崇川学校学生王周洲在全球最大规模、最高水平的机器人大赛中勇夺小学组冠军（仅1项），为祖国争得了荣誉。

（二）提升实验教师的创造力

采用英国学者克罗普利编制、我国学者张景焕等修订的"创造性教学行为自评量表"对参与实验的所有教师（N=62）和未参与实验的一般教师（N=97）进行后测，结果显示，无论是创造性教学行为的总分还是每个维度的得分，实验教师都显著高于一般教师（见下表），说明实验研究有效提升了教师的创造力。

实验教师与一般教师创造性教学行为比较

	组　别	N	M	SD	t
学习方法指导	实验教师	62	4.67	0.41	6.544***
	一般教师	97	4.33	0.52	
动机激发	实验教师	62	4.51	0.54	3.324*
	一般教师	97	4.28	0.55	
观点评价	实验教师	62	4.60	0.43	6.964**
	一般教师	97	4.22	0.55	
鼓励变通	实验教师	62	8.45	2.65	12.765***
	一般教师	97	4.16	0.59	
总分	实验教师	62	22.23	3.16	13.082***
	一般教师	97	16.99	2.21	

追踪调查发现，62名实验教师出版9部著作，在省级以上报刊发表论文145篇（其中5篇被"人大复印资料"全文转载），教育科研能力显著增强。他们在教学竞赛中也摘金夺银，其中1人获全国语文教学大赛特等奖第一名，1人获华东地区优质创新课一等奖，18人获江苏省教学比赛特等奖或一等奖，这种师生创造力的"共生效应"是情境教育的独特优势。

（三）课题成果的推广应用

2017年11月，国家社会科学基金教育学一般课题"情境教育与儿童创造力发展的实验与研究"通过全国教育科学规划办公室组织的专家鉴定，鉴定等级为"良好"，成果公告被作为四项优秀成果之一公布于规划办网站，面向全国推广，推动研究成果的转化和应用。

目前，该成果已在全国情境教育实验区得到推广，并为来自北京、上海、天津、重庆、甘肃、浙江、广东、海南、西藏等27个省市的校长和骨干教师执教展示课82节，作教学讲座124场。《人民政协报》《中国教育报》《中国社会科学报》《中国新闻出版广电报》《新华日报》和《江苏教育报》等媒体相继推出专题报道，产生了广泛的社会影响。

2018年12月10日，兰州市教育局和兰州大学基础教育管理中心联合举办"和而不同 以爱为帆"兰州·南通两地教学研讨活动，笔者应邀出席，并作了题为"情境教育影响儿童创造性思维发展的实验研究"的专题讲座，南通、兰州两地名师同台授课，研讨情境教育理念如何在课堂落地。来自兰州市各县区的1200多名小学语文、数学老师现场观看、聆听了名师们的精彩授课，近距离感受了情境教学的独特魅力。

2020年12月24—25日，江苏省教育学会情境教育专业委员会学术年会隆重推广本课题的研究成果，特邀笔者作题为"情境教育促进儿童创造力发展的研究与实验"的大会报告，邀请钱小龙教授、严奕峰副教授等7名核心成员作专题报告。来自江苏各地的高校和情境教育实验学校的180名代表出席会议，全国情境教育实验区、实验学校的4300多名代表在线观看直播，"情境驱动模式"在更大的范围内得到了传播和运用。

当然，我们也应深刻地认识到，"情境驱动模式"是新时代儿童创造教育的一种有益尝试，其推广应用是一项艰巨、复杂而持久的系统工程，还会遇到各种问题和挑战，唯有不断深化研究，才能行稳致远。

南通大学情境教育研究院　王灿明

I

真的
意蕴

李吉林从古代文论"意境说"中概括出"真、美、情、思"四大元素，并创造性地运用到情境教育之中，走出了一条蕴含民族文化意蕴的教育创新之路。"形真"是情境教学的重要特点，这里的"形真"讲究"形似"，但更强调"神似"，"只有讲究'真'，才能让儿童真正地认识周围世界，感悟生活，将课程内容与生活的真实相沟通、相融合，让儿童在感受'真'、领悟'真'中长大。这无论对于他们的认知、情感、思维发展，还是做人乃至对未来他们走进社会生活，都是十分有益和必要的"①。

"真的意蕴"板块包含教育实验中形成的7个课例。其中，戴春红、赵娟两位老师利用南黄海独特的滩涂文化资源，积极开发野外情境课程，带领孩子们踏入辽阔的滩涂去赶海、捡泥螺、踩文蛤、品海鲜，享受大自然给予人类的馈赠。《赶海》《舌尖上的小洋口》等课例，将生活引入课程设计范畴，引导学生感受生活、认识生活，跨越了直接经验与间接经验的鸿沟，促进了儿童创造力的发展。七巧板是中国传统智力游戏工具，蔡雪梅老师把七巧板引入作文课堂，开发出《乌鸦变变变》课例，让学生自主动手拼图，展开想象的翅膀，创造出变幻无穷的新形象，再依托各种新形象进行创造性表达，发展儿童的言语创造力。

---

① 李吉林:《"意境说"给予情境教育的理论滋养》,《教育研究》,2007 年第 2 期。

倪燕老师在《9 加几》课例中，引导学生通过把实物分一分、移一移，让他们在操作性情境活动中内化算法模型；袁怡楠老师的《观察物体》课例循着"观察—想象—验证"这一思路展开，引导学生通过观察、想象将客观事物之形转化为头脑中关于该物体的表象；薛志华老师在《三角形的认识》课例中，通过引入生活情境，引导儿童参与操作性情境，帮助小学生认识三角形；黄晓波老师在《玩转三角尺》课例中，让学生通过想、剪、玩，创造出一副自己的三角尺，又创造出"弦图"等具有一定思维含量的组合图形，将实物情境、中国数学发展史与几何图形知识学习相勾连，活化对知识的理解。在这些课例中，执教者充分凸显了情境的"形真"特质，诱发了儿童的积极参与，使他们的空间想象力得到了充分训练，从而有效地帮助儿童建立起正确的空间观念。

　　让我们一起走进实验班课堂，看看老师们如何以"神似"之"真"去启迪儿童的"智"，引导儿童追求"美"、崇尚"善"，促进其创造力发展的。

海上情境课程建构与儿童创新精神培养

——以三年级《赶海》习作教学为例

一 实践理念

党的十九届五中全会指出，坚持创新发展，就必须把创新摆在国家发展全局的核心位置。无论什么样的创新都离不开生活的情境、语言的载体。作文作为记录孩子思维的载体，其创新特征遍布于写作的每个阶段。那么，如何在作文中培养孩子的创新能力呢？我校地处黄海之滨，孩子们对大海非常熟悉。大海的一静一动对他们有着莫大的吸引力。我们发挥这样的地缘优势，并本着"求近、求美、求宽"的原则开发了海上情境课程，让孩子们保持与大海的联系，让大海增加孩子们生活的体验，培养孩子们的想象力，挖掘孩子们创新的潜能，滋养孩子们幼小的心灵。

（一）用课程拓宽孩子的生活空间，丰富孩子的写作素材

生活是儿童写作的源泉，引导孩子们到生活中去观察去体验是写好作文的关键。我们地处海边，我校结合海文化校本课程，开发了丰富多彩的海上情境课程。这些课程拓宽了孩子们的生活空间，增加了他们的生活体验，同时也丰富了他们的写作素材。孩子们就是在这一次次的活动课程中，亲身体验着创新的乐趣，展现着儿童旺盛的生命力和天真活泼的精神状态。

《赶海》这篇习作就是我们带孩子去海边参加海上情境课程之后写的。一提到那次海上活动，大家都非常兴奋，有许多话要分享。那天，我们先带着孩子们在海边观看海鸟，孩子们开心地用自己的望远镜观看各种海鸟，欣赏它们捕鱼的情景。等潮汐退去之后，我们又带孩子们一起下海抓鱼、逮螃蟹、拾泥螺，尽管孩子们个个脏得像小泥鳅，但大家玩得都很开心，到处都回荡着孩子们的笑声。最后我们又观看了日落，在夕阳的余晖中，孩子们才恋恋不舍地离开。这样的海上情境课程的体验活动，大大拓宽了孩子们的生活空间，丰富了孩子们的写作素材，孩子们在这样的实践活动中产生了灵感，享受了大海所带来的童年快乐。

（二）学课文提高孩子的写作方法，培养孩子的创新思维

课文是孩子们学习写作方法最好的范文，我们就利用刚学的课文《赶海》进行范作引路，实现读写结合，使孩子们在其中学习遣词造句、布局谋篇的基础知识，让他们语言文字的基本功及早得到扎扎实实的训练。同时，也不拘泥于范文，孩子们可以根据自己的体验进行创新，写出自己独特的文章。这样既发挥了范文的引导作用，又张扬了孩子们的个性，提高了他们的创新思维能力。

孩子们在海边参加了海上活动课程后，迫不及待地想把这次赶海过程写下来。于是，我们就回顾了《赶海》这篇课文的写作方法，比如如何做到首尾呼应，学习抓住一些细节来描写才能写得更加生动形象，发挥我们的想象，采用一些比喻、拟人的修辞手法，让自己的文章读来趣味无穷。孩子们读了这篇文章后，结合自己的实践活动，把这次赶海活动写得非常生动、有趣。有的孩子把踩文蛤想象成跳海上迪斯科；把挖螃蟹想象成扫地雷，最后提着"战利品"满载而"笑"；把到手的虾公说成了缴枪投降的俘虏。孩子们用丰富的想象再现了赶海的快乐，传达出大海带给他们的欢乐。

写作既仿于范文，又不拘泥于范文。这次回来，我们还开展了贝雕课程的学习。孩子们把从海边捡回来的贝壳，制作成了各种形状的贝雕，有风铃，有口哨，有贝壳画……孩子们一边制作一边想象着，一篇篇优秀的想象

习作也就诞生了。我们还进行了环保小调查，就生活污染、化工污染、生物侵入等进行了调查，并走访了海洋渔业局、海上救护站，向他们咨询解决办法，同时向政府提出了自己的建议。孩子们一边调查一边写作，一篇篇环保习作也就诞生了。这些后续课程的开展，不但让孩子们获得了赶海的快乐，更让他们明白了保护海洋资源的重要性。

总之，大海是我们取之不尽、用之不竭的写作之源。地处黄海之滨的我们就应该发挥这样的优势，带领孩子们开创海上情境课程，让他们在大海的怀抱里尽情享受童年的快乐，做快乐的海娃。同时，把课程与作文有机融合在一起，培养孩子们的创新思维能力，引导他们带着观察去写，带着情感去写，带着想象去写，带着创新去写，这样一来，学生的作文必然是生动有趣、情景交融的。

二 课堂实践

（一）回顾活动，激发兴趣

师：从小我们就生活在大海边，大海给你留下了什么样的印象呢？

生：大海是无边无际的。

生：大海是蔚蓝色的，很美。

生：大海是一座宝藏，里面有丰富的海洋资源。

生：大海是我们的母亲，我们到她那里去捕鱼、捞虾、养紫菜。

师：是呀，大海是大的，大海是美的，大海是无私的，她给了我们生活的资源，让我们这些海边的儿女能够在她的怀抱中快乐地成长。

师：我们这些在海边长大的人，在大海退潮后都会干什么？

生：会去拾泥螺、抓螃蟹。

生：会去捡文蛤、挖海葵、抓红虾。

师：是呀，我们会到海边干许多事情，这就叫赶海。（板书：赶海）

师：上周，我们也去了海边。瞧，这是谁？在干吗？（播放孩子们赶海

的图片）

（大家一想起在海边玩的情景就特别开心，一个个脸上都洋溢着笑容。）

生：是小丁在抓螃蟹。

师：这又是谁？

生：是小顾在拾泥螺。

师：是呀，上次去海边大家玩得都很开心，那你都做了些什么，你又看见同学们做了些什么？小组内先交流一下。

生：我和小缪去拾泥螺，刚开始我们走的地方泥螺很少，偶尔会在一个小水塘里发现一两只泥螺。泥螺把白胖的身子都挤出了壳外，我用手一捡，软软的，黏黏的。但它好像害羞似的，马上就缩进壳里了。

生：我们组里的四个人是踩文蛤的，一开始沙滩上根本就找不到文蛤，大家都很泄气。这时有经验的小文妈妈过来让我们在沙滩上寻找有气泡的小孔，然后用双脚在气孔周围来回踩踏，泥土慢慢变得又松又软，不久，穿着花衣裳的文蛤就从地下冒了上来。后来，我们用小文妈妈教的方法踩出了许多"花贝壳"。

生：我们还去抓螃蟹、挖海葵，非常好玩。

生：我还看见小于用手指在海滩上画画。

师：从大家的表情、动作可以看出，我们这样赶海的小海娃玩得非常开心。除了这些，我们还做了许多事情，还记得吗？

生：我们还捡了垃圾，向周围的渔民宣传不要随便乱扔生活垃圾。

生：我爸爸还带大家去看了海边的互花米草，并为大家讲解了这种海草的危害。

生：回来后我用文蛤壳和泥螺壳制作了一幅海洋贝壳画和一个风铃，它们每天陪着我做作业、睡觉，为我的生活增添了许多快乐。

……

师：看来大家真是收获满满呀，想不想把这么多的收获记录下来呢？

生：想。

师：那怎样把这次赶海的实践活动写生动写具体呢？我们可以借鉴一下《赶

海》这篇课文的写作方法。

（二）范文引领，学习写法

师：《赶海》这篇文章，是我们最近学习的一篇课文，你觉得小作者的哪些写作方法我们可以借鉴呢？

生：小作者能够抓住一些小细节来写，让我们仿佛就在现场，比如抓螃蟹。

生：还用了很多想象，把螃蟹比作戏台上的武将。

生：还用了许多语气词，比如"哎""咦"等，把自己开心、快乐的心情都写出来了。

生：还采用了总分的写作方法，先总写赶海的场面，然后再抓住细节来写，我们读后觉得非常生动、有趣。

生：用歌声开头，比较吸引人，而且做到了首尾呼应。

师：用歌曲开头别具一格，其实除了歌曲，我们还可以用什么开头也很吸引人？

生：用声音开头，用动作开头。

生：用心情开头。

师：除了这些，我们还可以用大家一起玩的场面开头，也不错哟。

师：刚才大家说了这么多的写作方法，都值得我们学习。除了课文中提到的写作方法之外，我们也可以有所创新，根据自己的体验，写出自己的特色，想想看，我们可以怎样写出自己的特点？

生：我们可以换位思考，以海洋中小动物的口吻，写一篇保护海洋动物的童话。比如，我在赶海的时候发现一条小鱼很小，而且还受伤了，我把它装进我的水袋里带回家，和我在海边救助站的爸爸一起为它疗伤，最后到码头那把它放掉，那条鱼肯定很感谢我。

师：用童话的形式唤起人们保护海洋生物的想法很不错。

生：我们在刚进入滩涂的时候，看见海边有许多垃圾，这是人们不保护环境的结果，于是，我们几个小伙伴就先捡垃圾，然后向渔民宣传不要随便乱扔垃圾，要保护海洋环境。

师：可以写一篇环保类的文章，呼吁人们保护环境，这是个不错的想法。

生：我发现，滩涂边上长满了草，人们都把这里比喻成大草原，说这儿的景色很美。其实，我听我爸爸说，这种草叫互花米草，是我们国家从国外引进的，由于引进不当，已经成为我们这儿的害草，它大大缩小了滩涂的面积，使滩涂陆地化了，我爸爸正在研究怎样把它除掉呢。

师：这也是我们这次赶海回来的收获，你可以查阅资料，和你爸爸再实地考察一下，写一篇关于"海上草原"的调查报告。

生：我们回来后还进行了贝雕的学习，我可以把这次赶海捡回来的贝壳做成的"海子牛"写一写。

生：对了，我还做了个风铃，把它挂在我的床头，每天陪伴我入睡呢！

师：赶海带回来许多东西，你是怎么处理的，怎么吃的，剩下的贝壳是怎么玩的，都可以写一写。

（三）小组交流，完成习作

师：这次赶海，我们在海边做了许多有趣的事情。我们不仅收获了许多快乐，也产生了许多思考，就让我们用笔记录下所有的收获吧！想想看，你准备写什么事情，先小组交流一下，然后汇报。

（小组交流，然后汇报。）

生：我觉得我们三个人一起捞小鱼、踩水塘最有意思，我就详细写这件事，然后我还看见双儿她们手拉手踩文蛤，还有小玉她们捡贝壳画画也很不错。

生：我还去挖了螃蟹洞。经过不懈的努力，我们终于逮到了一只螃蟹，那种经历到现在还记忆犹新。

生：我觉得我们几个人踩文蛤特别好玩，就像在海上跳迪斯科一样，屁股扭来扭去的，特别开心。

生：我就写我们小组在捡完泥螺后，再捡海边的垃圾，并向渔民宣传不要向海里乱扔垃圾。

生：我就写我在赶海时看见了许多互花米草，由于人们不当引进，它们正在拼命地疯长，已经严重破坏了滩涂的生态环境，导致滩涂陆地化。

……

师：刚才大家谈得都很好。我们在选材的时候，尽量写得和别人不一样，这样才能做到选材新颖，写的角度也可以不一样，多用一些比喻和拟人，把自己的想象加进文中会更精彩。下面就让我们动手开始写，写好了四人小组进行修改。

三 教学研讨

读完戴春红老师执教的课例，似炎炎夏日里吹来一股清新的海风，沁人心脾。下面从野外情境课程开发与实施视角对该课例展开研讨。

（一）发挥农村小学的独特优势，着力开发野外情境课程

相对于城市小学而言，农村小学在场地设施、图书资料、信息技术条件、师资配备和社区公共文化资源等方面在不同程度上处于劣势。但农村小学生远离林立的高楼、喧嚣的商业中心和拥堵的交通，他们每天穿行于乡村小路，与田野里的农作物、花花草草亲密接触，不时与鸟儿、昆虫打个照面，风里来，雨里去，真切感受着一年四季的时令变化，积累了丰富的农村生活经验。语文的外延等于生活的外延。农村小学生的语文学习若能与他们的农村生活经验相链接，其学习就不再是抽象的符号记忆，而是充满乡野乐趣的语文生活。

戴老师执教于海边农村小学，"靠山吃山，靠海吃海"，与海为邻、靠海谋生，是这方百姓的生活方式，也是该校小学生亲近自然的独特风景。她带孩子们走出校园，来到了辽阔的滩涂上，挖海葵、逮螃蟹、拾泥螺、踩文蛤……孩子们投入大自然的怀抱，享受着赶海的乐趣，享受着大自然给予海边农村孩子的丰厚馈赠。

就课题研究来说，戴老师在切实践行着李吉林的情境教育思想。儿童教育家李吉林概括出四大领域的情境课程。一是"核心领域：教学内容与儿童

活动结合的'学科情境课程'";二是"综合领域:儿童多渠道获益的'主题性大单元情境课程'";三是"衔接领域:让儿童顺利逾越的'过渡性情境课程'";四是"源泉领域:让儿童走进周围世界的'野外情境课程'"。戴老师积极开发"野外情境课程",让乡村儿童在大自然的怀抱里尽情地活动,真切地感受,为创造性地表达成文提供了鲜活的素材。《义务教育语文课程标准(2022年版)》指出:"学校要整合区域和地方特色资源,设计具有学校特色、区域特色的语文实践活动,落实学习任务群的目标要求,增强语文课程内容的丰富性和课程实施的开放性。"戴老师努力挖掘海边农村小学特有的资源优势,着力开发野外情境课程,为农村儿童的创造力发展和语文素养的提升打造出宽阔的平台。

(二)依托情境练习作,野外情境课程设计与实施的精致化程度有待提升

上述课例中,戴老师创设了两个情境:一是课前的赶海生活情境。老师组织学生参加赶海活动,让生动的生活情境作用于儿童的感官,刺激他们的大脑,助其形成深刻、鲜明的表象。二是课上的画面情境。老师出示孩子们赶海的照片,帮助他们回顾、口述赶海活动,为诉诸成文铺垫。这些情境对儿童习作的作用是明显的,但野外情境课程设计与实施的精致化程度还不高。可从以下两方面加以改进:

第一,依据儿童年龄特征,优选场景。开发野外情境课程,并非简单地把孩子带到野外了事。活动前,教师要下一番活动设计的功夫,首要工作是依据儿童的年龄特征,优选场景。这么复杂的野外活动,想来戴老师做了踩点工作,只是本文第二部分未呈现罢了。从学生发言来看,他们的活动空间变化比较大,涉足不止一处的滩涂,活动形式比较多样。例如环节一,第一位学生说去拾泥螺,第二位学生说四人合作踩文蛤。从生物的垂直分布来看,泥螺与文蛤一般不会生活于同一片滩涂,泥螺大致分布于潮间带的中间地带,文蛤则接近低潮线。再如环节三,第一位学生说捞小鱼,应当在滩涂上的港汉或水塘边,第二位学生说踩文蛤,应当在裸露的滩地上。如此看来,这次活动地点、形式自然不会少。从课例关涉的选文推断,教学对象应

是小学三年级学生，他们处于习作学习的起始年段，此次活动似乎过于纷繁复杂了些。

我们不妨研习一下李吉林老师的做法。她曾说："在每次孩子观察以前，我先到实地去考察。我首先考虑的是以怎样的外物去影响儿童的情感，这就得优选场景。"[①]有一回，她从城北走到城南，最终以儿童教育家独特的眼光，在城南郊外找到了一处理想的场景：大桥下的一大片扁豆棚、丝瓜棚，上面的瓜豆适宜培养儿童精细的观察和差别感觉性，又易于激起学生的想象；水边摇曳的芦苇，富有诗情画意；远处的稻田和棉田，呈现出丰收景象。因此，在笔者看来，本课例提及的活动足以构成一个野外情境课程系列，教师应从中优选出适合该学段学生的一个典型场景，更有利于达成本次习作的教学目标。

第二，细化野外情境课程实施的过程化设计，精心设计指导语。情境教育的一个重要特征是"理蕴其中"，即把知识镶嵌于情境之中。就本课例而言，老师要把观察事物立足点的确定、观察对象的选择、观察顺序的安排等知识渗透于观察活动之中。野外情境课程实施过程的设计要充分展开，教师可设计一系列情境构成"情境链"贯穿于课程实施过程之中。例如，可把拾泥螺活动分解为四个阶段，以四个连续的情境推动课程的实施进程：在海滩上拾泥螺—师生与渔民聊泥螺—回学校腌制或清炒泥螺—品尝泥螺。再如，可把踩文蛤活动分解为五个环节，即"找文蛤，不见踪影—初踩淤泥，冒出气泡—比赛、观赛，收获文蛤—满载而归谈文蛤—烹制、品尝文蛤"，每一个阶段都是一个生动的情境，构成立体生动的生活场景。

在每一个环节，教师都要精心设计指导性语言。正如李吉林老师所指出的，"教师的导语调节着儿童的整个认识过程。儿童的思维活动也会因此有明确的方向性"[②]。就拿拾捡泥螺活动的指导来说，在"拾泥螺"环节，引导学生注意泥螺爬行的动态；"聊泥螺"环节，关注泥螺与沿海百姓生活的关

① 李吉林：《情境教育的诗篇》，高等教育出版社，2004年版，第23页。
② 李吉林：《为儿童的学习：情境课程的实验与建构》，外语教学与研究出版社，2008年版，第12页。

系，对当地经济发展的影响；"腌制、清炒泥螺"环节，注意泥螺形状、色泽的变化；"品尝泥螺"环节，注意感受泥螺的味道。随着活动的推进，教师适时点拨，会使学生的观察更为细致，思维更为活跃，想象也更为丰富。

（三）恰当运用选文，让儿童写放胆文

课例的第二环节是"范文引领，学习写法"，引导学生阅读课文，学习写作方法。关于本课例中选文的运用，笔者提出两点异议：

第一，运用选文的时机不恰当。戴老师在学生回顾、口头交流赶海活动的基础上，要求他们阅读课文，思考"小作者的哪些写作方法我们可以借鉴呢"，让学生模仿课文的写法习作。在自由、自主写作之前就提出读例文、仿写的要求，会束缚学生的思维，很可能使某些学生人云亦云，不利于他们的创造力发展。我国传统的作文教学主张习作训练"先放后收"，即先"鼓励学生大胆地放手写，待其习作有了一定的基础之后，再要求其习作精练和严谨"①《义务教育语文课程标准（2022年版）》继承了这一思想，在第二学段习作目标中提出"观察周围世界，能不拘形式地写下自己的见闻、感受和想象，注意把自己觉得新奇有趣或印象最深、最受感动的内容写清楚"。因此，笔者以为，在学生口头交流后，不要用条条框框束缚孩子的思维，而要提供最大的空间，让他们自由地写放胆文。退一步说，即便施行"读写结合"，由例文学写法，也应该安排在学生完成放胆文之后。在修改初稿阶段，引导学生发现、模仿课文中的长处，弥补自己习作表达的不足。

第二，选文的功能有待厘定。在本课例中，选文是作为小学生习作的例文来用的，再追问，学生通过阅读该例文学习什么样的写法呢？从环节二学生的发言来看，提及"细节描写""展开想象""运用语气词""采用总分结构""首尾呼应"等知识点。对于该例文，须深入研读、思考：

其一，选文的结构。这是一篇成人（不是戴老师所说的"小作者"）回忆童年趣事的记叙文，采用了倒序手法、前后呼应的结构方式，在笔者看

① 吴忠豪：《小学语文课程与教学》，中国人民大学出版社，2010年版，第197页。

来，这是典型的"教材体"之作。与其让学生机械模仿例文的结构方式，还不如像笔者在前文所指出的那样，细化活动过程（包括"情境链"）的设计，活动推进的过程也成为训练学生思维的过程，让学生依活动过程自然地、活泼地记述下来，行文或许更为灵动、条顺，富有童真童趣，更有利于学生的创造力发展。

其二，选文的观察顺序、选材。选文主体部分是按时间顺序写的，在重点段中，由面及点，具体描写三个"点"，先是"我在水里摸海星"，再是"走过去"看小伙伴"捉螃蟹"，最后是"低头捉大虾"。这三个观察点是动态变化的，前一个在水里，后两个当在沙滩上，以"我"的目光将三者连缀起来。本课例中，三年级学生的观察点未必要那么多，观察立足点也许是定点，这时，学生没有必要模仿例文的写法。

其三，选文的细节描写。要让学生学会细节描写，关键在于教师要充分打开活动过程，指导他们仔细观察、感受细节。像课例所提及的"抓螃蟹"活动，笔者猜想，孩子们要捉的应该是南黄海滩涂常见的那种小螃蟹——蟛蜞，体小，机灵，生活在靠近高潮线的海滩，善打洞，洞穴纵横交错，四通八达，因而有学生说"我还去挖了螃蟹洞。经过不懈的努力，我们终于逮到了一只螃蟹"。逮这样的螃蟹，须几人合力堵、赶、掏、挖……孩子们若能充分活动，加上一旁教师的提醒，他们把"努力"的细节再现出来，这样的作文或许比课文中的描述还要生动，更富有生活气息。

其四，选文的遣词造句。有学生提到课文"用了许多语气词，比如'哎''咦'等，把自己开心、快乐的心情都写出来了"，这方面的模仿学习可安排在修改作文阶段，引导学生学习课文作者遣词造句的优点，对草稿作润色加工。顺便提一下，该课教科书插图虽说色彩鲜明，但内容不太精准。什么叫赶海？《现代汉语词典》（第7版）解释为："趁退潮时到海滩去捕捉、拾取各种海洋生物。"在课例中，孩子们说到在海滩上拾泥螺、捉螃蟹、挖海葵、踩文蛤，都是事实；但插图通栏画了海水涌动，人们在浪花中捕捉海产品，这是不符合赶海实情的。

综上所述，戴老师勇于利用海边农村小学独特的课程资源，积极开发野外情境课程，是值得赞赏的。当然，其课程设计的系统化、课程实施的精致化方面还有很大的改善空间。"情境教学孕育着触发、创造之源。学生从生活情境中所学得的词语，积累的表象，生动鲜明地储存于记忆的仓库里，极易被激活，迁移运用到新的情境中去。"[①]跟城市小学相比，农村小学野外情境课程开发的空间更大，专业化开发的道路更漫长。近年来，不少教师提出了"语文教学生活化"的命题。如果只是将学生带到生活场景中了事，此种生活化的确有助于增加学生的生活经验，然而，学校教育的价值何在？我们所倡导的野外情境课程，是将生活引入课程设计范畴，作为课程开发的一项重要资源，其实质是在自然生活场景的背后潜藏着教育的目的与内容，教师要引导学生更深刻地感受生活、认识生活，帮助他们逾越直接经验与间接经验的鸿沟，更好地促进儿童的发展。此时的生活不是自然状态的生活，而是更富有教育文化内涵、促进个体发展的生活。在这样的生活化野外情境课程中，孩子们更好地获得生活的感受、审美的熏陶、智慧的启迪、创造的体验，这才是此类课程的独特价值所在。

江苏省如东县洋口镇洋口小学　戴春红；南通大学情境教育研究院　陆平

---

①　王灿明，等：《情境教育促进儿童创造力发展：理论探索与实证研究》，中国社会科学出版社，2019 年版，第 178 页。

乡土教学资源挖掘与儿童创新表达能力提升
——以六年级《舌尖上的小洋口》习作指导为例

一 实践理念

《义务教育语文课程标准（2022年版）》指出，小学高年级学生要"养成留心观察周围事物的习惯，有意识地丰富自己的见闻，珍视个人的独特感受，积累习作素材"。课标还特别重视对课程资源的开发和利用，要求学校在利用好课堂教学资源的同时，充分发掘课外的学习资源，自然风光、风土人情等都可以成为语文课程潜在的资源。

《舌尖上的小洋口》习作指导课，立足学生身边的教学资源，走进学生的生活，也让学生走进身边的生活，在富有创意的互动中，激发学生爱家乡、爱生活的情感，同时培养学生的表达能力，促进其语言实践能力的发展。选择这个教学内容，重在挖掘学生的生活经验，在回忆、观察、表达、创作的过程中丰富学生的习作语言，培养学生的表达能力。

结合学生的生活实际，拓展写作训练，培养学生的创新能力是课标的要求。通过多种渠道搜集家乡特产的宣传资料，整合教材，通过看海鲜、说海鲜、写海鲜的过程，调动起学生的学习兴趣，让学生自己收集、发现介绍家乡海鲜的方法，有步骤、有重点地介绍，让学生在角色扮演之中感受、体验、学习、运用。

在作文教学中合理创设情境，可以调动学生的生活积累，有效拓宽学生的习作思路，激发学生的表达欲望，还能培养学生在生活中有意识地积累素材的习惯，解决习作时"无米下锅"的现状。

重视以教师为主导，以生为本，全员参与。活动时小组长安排好每位同学的学习任务，使得人人有事做，而不仅仅是作为旁观者，同时在小组汇报交流时，允许本组的组员做补充。教师要随时关注每个学生的反应，在师生互动生成过程中，激发学生的学习热情。

依据以上思考，我制定了以下教学目标。

1. 让学生了解家乡有哪些特产，感受家乡物产丰富，激起学生热爱家乡的豪情。

2. 让学生选择一种自己喜欢的特产，尝试推销，培养学生处理材料的能力。

3. 让学生按一定的顺序整理成文，题目自定。

二 课堂实践

（一）游戏导入，思维热身

师：同学们，课前两分钟请同学们以小组合作的形式列举在校园里所有含木头的东西，看哪个小组观察得最细致，找得最多。

（生交流）

师：现在我们继续这个游戏，两分钟时间内请同学们以小组为单位列举家乡的特产，越多越好。

（生交流）

设计意图：以学生熟知的身边的事物，开启学生的思维，从身边的木桌、木椅、书柜、木架、铅笔、教鞭、三角尺、圆规、树、篱笆等到家乡丰富的特产，在激发学生学习兴趣的同时，也引导学生去关注周围的世界，考查学生的观察力，鼓励学生发现和表达。

（二）引入情境，激发动机

师：（出示家乡的海产品）刚才同学们列举了大量的家乡特产，我们家乡地
　　处南黄海之滨，丰富的海产品可是家乡的特色。老师来考考大家，这些
　　图片中藏着的东西你都认识吗？

　　（生随图片出示大声报出特产的名称，若遇不认识的由老师加以介绍：
　　文蛤、蛴蟆、竹蛏、梭子蟹、相思螺、泥螺、对虾、鲳鱼、八爪鱼、海蜇、
　　小黄鱼、带鱼、鳗鱼、扇贝、紫菜等。）

师：是不是都很熟悉，一看就有流口水的感觉？谁先来说说自己认识
　　的美味？

> 设计意图：贴近学生的生活实际，以绚丽多彩的画面激发学生的兴趣，把
> 学生引入教学情境，让学生有表达的欲望，也有表达的内容。

生：文蛤的外壳就像五彩的扇子，蛤肉很鲜美。

生：梭子蟹最厉害，张牙舞爪的样子很凶，但是蒸熟了，青色的外壳就变成
　　红彤彤的，让人垂涎欲滴。（生笑）

生：我觉得带鱼、八爪鱼的名字就是从它们的外形得来的。

生：那个蛴蟆很狡猾，在沙滩上逃起来可快了，甭想逮着它。（学生点
　　头赞成）

生：海蜇在海里的模样还是很美的哦！

生：那海参就像毛毛虫，是餐桌上的一道美味！

生：我们这里好多人在养殖紫菜，紫菜可以做紫菜饼、紫菜蛋汤、紫菜包
　　饭，我都吃过，味道好极了！（生笑）

师：同学们对家乡的特产真的是如数家珍，小洋口风景优美，物产丰富，来
　　旅游的人络绎不绝。许多到我们家乡来旅游的人，都很想带点儿特产回
　　家，可是他们常常不认识我们家乡的这些特产，也搞不清楚怎么吃，如
　　果想让别人也来分享家乡的特产，你有什么好办法吗？

生：我们可以布置一个展厅，专门介绍家乡的特产。

生：对，请一些讲解员专门为游客介绍。

师：哦？那你觉得这些讲解员需要具备哪些条件？

生：首先要对这些特产特别了解。

生：讲解的时候声音要响亮，语言要生动。

生：我觉得可以是一个人讲解，也可以几个人讲解，形式要新颖。

生：可以借用一些图片、音像资料，或者现场展示。

　　……

师：那么在介绍时，我们可以从哪些方面进行展示或讲解呢？

生：例如，可以介绍特产的外形特点，还有味道怎么样。

生：也可以说说它们有什么营养，怎么清洗，怎么烹调。

生：还可以讲讲与这些特产有关的故事，还有它们名字的来历。

师：光是口头讲解一定很枯燥，怎样才能更吸引游客呢？

生：可以用上一些优美生动的语言，也可以边说边表演。

师：怎样才能让语言优美生动？

生：可以用上一些修辞手法，如比喻、拟人、夸张，这样就会更吸引游客。

（三）表演情境，创新表达

师：好，心动不如行动，说得好不如做得好。今天我们就来举办一个"舌尖上的小洋口"展销会。我们的教室就是一个展厅，我们每组都有一个属于自己的展台，同学们可以结合自己平时的了解和课前收集的相关资料，每个小组选择一种最喜欢的特产进行展示，为其代言。好吗？课前各小组研究选择了自己最喜欢的一种美味进行了资料的收集准备，老师这里还有些小锦囊，里面有部分特产的介绍，大家也可以根据需要来自主选择。下面各小组就可以按照同学们刚才的想法做好展示准备，音乐停止就结束。

（生分小组合作准备）

设计意图：本环节是让学生借助已准备的资料，通过看、说、演等方式，营造一个自由、民主、和谐的习作情境。学生可以自由交流素材，自主表达，教师巡视时不做过细的指导，这样避免了束缚其思维，真正使学生的表达具有个性色彩。

师：现在我们各小组开始展示，在一个小组展示的同时，其他小组的同学就都是游客了，你们可以随时请教，提出心中的疑问哦！

（学生开始交流）

第一组——文蛤。

生：（展示图片）各位朋友，大家好，欢迎您来到小洋口旅游风景区。这里不仅风景优美，而且物产丰富。说到这里的物产，就不得不提"天下第一鲜"——文蛤了！文蛤的外壳坚硬，大多呈扇形，上面有各种不同的图案，其肉鲜嫩无比，且营养丰富。文蛤的吃法很多，可作为主菜，炒着吃；可作为配菜，汤中提鲜；可用佐料腌制，生炝生吃；可剁成蛤泥，煎成文蛤饼。最有趣的是踩文蛤，赤脚扭腰，如同在跳"海上迪斯科"。

生：（假装是游客）怎么跳啊？

生：大家看。（播放视频）

生：欢迎大家一起来跳哦！（第一小组集中示范"海上迪斯科"。）

生：来到小洋口，可千万别忘了去跳跳"海上迪斯科"，尝尝"天下第一
鲜"哦！

第二组——泥螺。

生：（展示图片）各位游客，我给大家介绍的是小洋口八鲜之一的泥螺。别
看它个头不大，可名气不小，味道更是不得了！我们这里的泥螺俗称
"黄沙泥螺"，鲜泥螺可以炒着吃，滑润鲜美，也可以用盐和烧酒炝着
吃，可谓醉中带鲜、鲜中带咸。吃的时候用筷子夹到嘴里，用舌头轻轻
一吮，螺肉就到了嘴里，味道别提有多美了（说完舔舔舌头，作馋状）。

第三组——梭子蟹。

生：（展示图片）看，这张牙舞爪的就是我们家乡有名的梭子蟹，因形似梭子
而得名。梭子蟹个头较大。与河蟹相比，肉质更多，脂膏更肥，味道鲜
美，营养丰富。别看它顶盔带甲，气势汹汹，却是海鲜中的上品。唐代大
诗人白居易以为梭子蟹可与熊掌媲美。梭子蟹可蒸、可煎、可炒、可煮，
可是人间难得的美味佳肴哦！到了小洋口，一定要尝尝这里的梭子蟹。

第四组——紫菜。

生：我们家乡的特产可谓数不胜数，你看，大大的对虾白里透红，宽宽的带
鱼银装素裹，顽皮的扇贝偷偷地吐着舌头……它们不仅营养丰富，而且
味道鲜美，是老百姓餐桌上的常客。这里我要隆重介绍本地特产——紫
菜，它是生长在海里的一种藻类植物，富含蛋白质和碘、磷、钙等，颜
色有紫红、蓝绿、棕红等，因为以紫色居多，所以得名紫菜。紫菜烘焙
后就是我们常说的"海苔"了，它是小孩子都喜欢吃的补钙食品，大家

一定很熟悉。（播放广告视频）新鲜采摘的紫菜清洗后可以和上面粉做紫菜饼，烘干可以做紫菜包饭，还可以做紫菜蛋汤、紫菜虾皮汤等，鲜美可口，是人间难得的美味哦！（展示图片、资料）

> 设计意图：作文材料的选择有一定的灵活性。课前，学生可以准备一些相关的资料或道具，课上，教师提供一定的素材，以角色扮演的形式，让学生可以自由选择表达的对象，自主组织语言，更容易激发学生的主动性和创造性。在此过程中，教师鼓励学生用不同的方式进行解说，以提问解答的形式增强互动，有效地发展了学生思维的广阔性和灵活性。

（四）多样选材，自主习作

师：同学们刚刚是"八仙过海，各显神通"，大家觉得哪一组的推介最有吸引力呢？

生：我觉得第一组的介绍形式很丰富，不仅介绍了文蛤的外形花纹，还用一个小故事激发听众的兴趣，最有意思的是他们组播放了视频，还示范跳"海上迪斯科"，更能吸引游客。

生：我觉得第三组的介绍也很具体，很生动。

师：是的，刚才大家有的用图片、视频辅助介绍，有的通过上网查找资料介绍，有的引用传说或者名人的诗文，让游客朋友们直观感受了家乡特产的魅力。现在，就请同学们以家乡的一种特产为主题，撰写一篇推介家乡美味的习作。请大家说一说你想选择哪一种美味。

生：我想介绍的是油焖大虾。

生：我想介绍文蛤。题目就叫"天下第一鲜——文蛤"。

生：我写"美味黄鱼甲天下"。

生：我想写"红袍大将军"。

师："红袍大将军"是啥啊？

生：就是梭子蟹，梭子蟹蒸熟后就是红色的嘛！

师：题目很有新意。准备怎样写呢？

生：开头我先写梭子蟹的外形、颜色，再引出红袍大将军的由来，介绍如何蒸煮梭子蟹，最后介绍梭子蟹的其他一些吃法。

师：外形、颜色、名字的由来、蒸煮的方法、各种不同的吃法，条理显得很清楚。其他同学有什么建议吗？

生：我觉得还可以写写吃的过程中的趣事或者小窍门，因为梭子蟹的外壳很硬，要讲究方法。

师：不错，可以多些小故事。

生：还要注意语言要生动。

师：是的，我相信用上一些生动的修辞，一定能更吸引读者哦！下面就请同学们自主选择，写一篇不少于400字的习作。题目自拟。

（学生自主习作，修改交流。）

设计意图：这一环节是在集体分享的基础上，自主再创造的过程。在交流过程中，教师鼓励学生提出建议，有效渗透写法的指导，同时引导学生在自我修改和相互修改的过程中提高写作能力。

三 实践感悟

本节课教学内容所选择的素材来源于学生的生活资源，从内容的角度看，整堂课取自学生的生活实践，充分挖掘了乡土教学资源，让学生认识了家乡特产；从表现形式的角度看，师生之间积极互动、协同发展，教师既关注学生的知识接受又注重学生的能力提升，学生独立、主动、自主地参与教学过程，在调查研究、合作分享中提高了自身的语文综合素养。

（一）语言带入情境，激起生活情趣

在学生的学习过程中，情感起着关键作用。课堂学习是师生、生生之间

网络状信息的获取、传递、分享、回应，而情感是师生之间信息沟通的纽带。积极向上的情感可以激发学生主动、快乐地参与课堂活动，亲近事物，高尚纯真的情感可以产生积极的学习动机并激发起学生的学习热情。本课最重要的目标就是要激发学生热爱家乡的情感，通过教师的语言来激发学生的情感是最重要的教学手段。在认识家乡特产的过程中，教师说"小洋口风景优美，物产丰富，来旅游的人络绎不绝。许多到我们家乡来旅游的人，都很想带点儿特产回家"，用语言引导学生来夸夸家乡的特产，举办"舌尖上的小洋口"展销会来推广家乡的特产，不仅很快切入话题，调动学生的生活经验，激起学生的生活情趣，也通过说的训练让学生迅速成文，在交流分享、互为补充的过程中丰富学生的语言表达。

（二）媒体创设情境，激活习作素材

多媒体教学有利于营造思维情境，也有助于情境的转换，开阔学生的思维空间。这节课上，教师先是以图片导入家乡特产，让学生直观感受，烘托气氛，营造情境；接着在模拟表演情境中，让学生自主选择不同的媒体，进行展示推销。几个小组都采用了图片介绍，而第二组和第四组不仅用了图片、资料，还选择了"海上迪斯科"的视频和"阳光海苔"的视频，使整个情境更生动，更有趣。通过多种媒体辅助展示，既丰厚了表达内容，也丰富了表达形式，在情境的感染下，从"讲解员"到"游客"，每一个在场者都潜移默化地受到了熏陶，似乎也身临其境，思维火花进一步迸发。

（三）模拟表演情境，激发个性表达

写作有三个关键要素，即思维、经验、语言。作文是语言的训练，也是思维的训练。模拟"展销会"的表演情境，就是在给学生预备写作思维。张武升教授设计的"创造性思维与个性教学模式"中指出一种常用的教学策略——"角色扮演教学策略"，即通过身临其境的活动，来提高学生创造力水平的教学策略。本课正运用了这种角色扮演策略。

课前，教师给出调查提纲，要求学生从外形、特点、典故、捕捞方法、烹饪方式等方面去了解家乡特产，使学生在课堂演示时能有话可说。学生有了充分的准备，为课堂交流奠定了良好的基础。但是学生收集的资料未必全都有效，课堂上必须在教师的引领下，有的放矢地释放。因此，教师引导学生自己想办法，出主意，如何做好家乡特产的推介，然后有意识地以自主合作的方式，由学生以小组为单位自主选择特产，再根据自己讨论汇集的相关讲解要领去模拟创设交流情境，引导学生自主参与，成功地激发起学生学习的主体性，学生在活动中真正成了学习的主人、研究的主人，根据自己研究家乡特产的不同，自由组成合作小组，也有学生自主选择，现场组合，自由发挥，整个展示设计和表演过程精彩纷呈。在各组展示后，教师及时把评价权利交给学生，互相评价各小组的表现，这又是一个鼓励学生创新思维的环节。学生们在轻松活泼的学习氛围中提升了思维能力，增强了合作意识，体验到学习的乐趣和成功的喜悦，也使课堂焕发出创新的活力。

江苏省如东县洋口镇新林小学　赵娟

在七巧板游戏中释放儿童的言语创造力

——以七巧板游戏作文《乌鸦变变变》为例

一 实践理念

言语创造是生命绽放的花朵。在习作教学中，教师不能忽略言语创造力的培养。儿童的言语创造力发展是以他们个体生命体验为核心的一种审美活动，他们语言表达的优劣高下，首先取决于他们表达的意向、愿望、动机的丰富和强烈程度。从这个角度说，言语动机是言语创造的不竭动力。七巧板游戏作文是将中国传统的动作与想象游戏——七巧板引入小学写作课堂，摒弃传统作文教学的定向思维训练模式，通过学生自主动手拼图，自由想象变幻无穷的七巧板情境，在写作教学中潜移默化地影响儿童思维的多向性、发散性，培养儿童的创新意识，改变儿童的思维方式，形成儿童的创新能力。

儿童非常喜欢童话，童话具有很重要的教育价值。童话作品中会出现各种动物，这些动物大都以固定的特点出现：老虎凶猛、猴子聪明、狐狸狡猾、兔子温顺……本次作文教学围绕"乌鸦变变变"，运用七巧板拼图游戏，为学生的童话想象冲破思维定式提供了创造性情境。这些创造性情境，除提供丰富有趣的写作素材，带给学生强烈的思维冲击之外，还将引导他们多角度地认识童话中的形象。

二 课堂实践

（一）心中的乌鸦

1. 这学期，我们学习了用七巧板拼动物，你会拼哪些动物？来，拿出七巧板拼一只你最喜欢的动物。（学生拼）说说看，你拼的是什么动物？能用几句话说说它的特点吗？

2.（师拼乌鸦）这是一只——乌鸦。（板书：乌鸦）的确是一只乌鸦。谁见过乌鸦？它长什么样子？

如果让你用一个词来概括乌鸦，你会用哪个词？看来，大家对乌鸦的印象不怎么相同，让我们拼几个关于乌鸦的童话故事，相信你会觉得这是一种很有趣的鸟儿。

（二）聪明的乌鸦

1. 有个很经典的故事，我们在一年级学过，大家都很熟悉，今天我们换个方式讲这个故事，就用倒叙的方式，怎么样？既然是倒叙，你想从哪里开头？

2. 四人小组合作，三个同学拼，一个同学讲。

3. 请一组同学上来拼、讲。

4. 乌鸦用什么办法喝到了瓶子里的水？

这个办法真不错，乌鸦的智商不亚于 3 岁的儿童！这是一只怎样的乌鸦？

（三）孝顺的乌鸦

1.（播放动画片《小乌鸦爱妈妈》）这是一首有趣的儿童歌曲，许多同学都听过。会唱的跟着动画片一起唱。（生跟着动画片一起唱）

2. 动画片好看吗？哪个镜头留给你的印象最深刻？请你用七巧板拼出这个感人的画面。

3. 多么感人的一幕啊！如果你是乌鸦妈妈，你会怎么夸自己的孩子呢？都说养儿防老，这话一点儿不假。这首歌是根据一个成语编写的，知道是哪个成语吗？

4. 是的，乌鸦反哺，羔羊跪乳，连动物都怀有感恩的心。早在明代，这个故事就被选入当时的识字课本——《增广贤文》了。看来，孝敬父母是中华民族的传统美德。听了这首歌曲，你们认为这是一只怎样的小乌鸦？

（四）愚蠢的乌鸦

1. 乌鸦不是挺招人喜欢的吗？怎么会有那么多人不喜欢呢？

2. 的确，乌鸦遇到了狡猾的狐狸，也有犯晕的时候，这个故事的名字叫——狐狸和乌鸦。在你的想象中，故事中的狐狸是一副什么模样？描述一下。乌鸦呢？它会怎么打扮自己？用七巧板怎么拼出一只神气活现的狐狸？怎么拼出你心目中这只傻乎乎的乌鸦？请两位同学在黑板上为大家拼一拼，其他同学在自己桌上拼，哪位同学做配音员，讲讲这个故事？

3. 狐狸的阴谋是怎么得逞的呢？乌鸦怎么就上了当呢？人高兴的时候，就不知道自己姓啥了，乌鸦也不例外，这只乌鸦怎么样？

（五）死板的乌鸦

1. 同样是口渴了找水喝，同样想到了往瓶子里放石子的办法，可是，一只小乌鸦不仅没有受到别人的夸奖，反而受到小黄鹂鸟的嘲笑，为什么会这样呢？四人小组先口头编一编这个故事，再用四副七巧板演示出编好的故事。哪一组上来一边讲故事一边拼故事？

2. 看来，祖先的经验无论多么好，都不能照搬照抄，要与时俱进，不断创新。你认为这是只什么样的乌鸦？

（六）讨厌的乌鸦

1. （出示词语：乌鸦嘴，生齐读）谁知道这个词的意思？喜欢这个词语吗？如果别人用这个词语来形容你，你乐意吗？

2.不过，"乌鸦嘴"的确是有科学依据的。请读读下面这段话。

与其他鸟相比，乌鸦的特别之处是其杂食性。它除以谷物、果实、昆虫等为食物之外，还喜欢吃发烂恶臭的腐肉。乌鸦的嗅觉异常灵敏，它能及时发现地上的动物死尸，还能闻到从地下散发出的腐尸味，因而常在有新坟的基地上呱呱乱叫，甚至还能在房前屋后飞过时，捕捉到病人临死前散发出的异味，然后在不远不近的地方发出异样的叫声。乌鸦常常见证一个人的死亡过程，并提前发出不祥的讯息。加上乌鸦本来就一身黑羽，便给人留下了神秘、阴冷的印象。

现在，你知道人们为什么不喜欢乌鸦了吗？

的确，乌鸦是一种不讨人喜欢的鸟。在电影和电视节目中，快要发生悲剧的时候，有时会出现这样的场景：灰蒙蒙的旷野中，突然传来几声凄厉的乌鸦叫，令人毛骨悚然。在张继的诗中，有这样一句（出示）——月落乌啼霜满天，江枫渔火对愁眠。

四人小组用四副七巧板拼出"月落乌啼霜满天，江枫渔火对愁眠"的想象画面。

在那样的秋夜，月亮落下去了，乌鸦的叫声是多么凄凉啊！在马致远的词《天净沙·秋思》中，开头一句就是——枯藤老树昏鸦。

干枯的老树，黄昏渐近，一只孤单的乌鸦，给你怎样的感受？乌鸦报忧不报喜。了解了这些，乌鸦又留给你怎样的印象？

（七）多变的乌鸦

1.课上到这里，相信大家一定对乌鸦有了更加全面的认识。在你的脑海里，乌鸦到底是哪般模样？

2.乌鸦真是多变啊！今天我们认识了多变的乌鸦。在童话故事中，许多动物的特点是固定不变的。比如，大灰狼一定是残暴的，梅花鹿一定是温顺的，狐狸一定是狡猾的。现在，你还这么看吗？

是的，大灰狼也有慈爱的一面，特别爱自己的孩子，还非常团结。小狐狸也有聪明可爱的一面。兔子也有咬人的时候。

3. 是呀！动物是千姿百态的，它们有情感，也有灵性。今天，请大家换一种思维，先用七巧板拼一个与动物有关的童话，这个小动物和一般童话里的相比，有意想不到的特点。可以拼与乌鸦有关的故事，也可以拼其他动物的故事。只要你们开动脑筋，一定会拼出让人意想不到的童话故事来。

（八）意想不到的童话

1. 说说你们拼的这个小动物和一般童话里写的有什么让人意想不到的特点？

2. 把你们拼的故事写下来，就是意想不到的精彩童话了。

3. 生读童话，师生抓住新颖、别致、与众不同进行评论。

三　实践感悟

（一）儿童言语创造力发展源于审美游戏诱发的快乐写作状态

言语创造力的培养，是对儿童固有的言语创造冲动和潜能的诱发，是将儿童的创造意识和精神调整到最佳状态。七巧板凭着七块形状不一的板子，变幻出千姿百态、趣味盎然的飞禽走兽、鱼鸟花虫、山水草木、楼台亭阁，暗合"道生一，一生二，二生三，三生万物"这一古老的中国哲学思想。而童话是儿童的最爱，是他们的梦想所在。七巧板游戏与童话邂逅，会怎样激活儿童的言语创造冲动？他们用七巧板拼童话人物，比如乌鸦、狐狸、小鸟……想想拼拼，拼拼想想，无拘无束地拼出了想象中的童话故事情境。在他们的故事里，乌鸦是多变的：一会儿聪明，一会儿愚蠢，一会儿死板，一会儿孝顺，一会儿惹人讨厌……由此他们发现：童话人物的性格并不是一成不变的，老虎可以温柔可亲，狐狸可以充满母爱，兔子也可以邪恶、凶残……他们为自己的发现而跃跃欲试，写出一个个意想不到的童话故事，满足了强烈的言语表达需求。

（二）儿童言语创造力的发展存在于自由的生命写作方式中

心灵的自由，才能养成平和、自适的心态，才会有真正的言语创新。想象属于自由的心灵。七巧板与童话相遇，自由的想象在七巧板和童话之间架起了一座五彩缤纷、神奇美丽的彩虹桥。七巧板在他们天真的心灵里不再是硬邦邦的三角形和正方形的几何图像，而是栩栩如生的字母、数字、动物、人物形象。七块板子分分合合，合合分分，在分与合之间，形象被夸大或者缩小，创造出前所未有的童话主人公和它们的故事，最后演绎出有声有色的故事情境。七巧板的操作属于典型的发散性思维和创造性思维活动。在游戏过程中，儿童的动作思维、肖像思维、符号思维高度融合、灵活转换，通过肖像思维，他们眼前浮现出栩栩如生的事物形象和故事场景，在情境产生的愉悦的心理场中，肖像思维转换成了符号思维，即把拼的事物和故事情境编成一个个小故事，发表给别人看或读给别人听。正是在这三种思维之间的自然衔接与无痕转换中，言语生命能得到释放，言语个性得以表现。

江苏省南通市郭里园小学　蔡雪梅

情境场建构与儿童创造力生长
——以苏教版一年级数学《9加几》为例

一 实践理念

"再创造"在数学学习中非常重要，教师应该引导学生发现或创造所要学习的数学知识。《义务教育数学课程标准（2022年版）》把"双基"改成了"四基""四能"，把创新意识确定为核心素养的主要表现之一，"创新意识主要是指主动尝试从日常生活、自然现象或科学情境中发现和提出有意义的数学问题。初步学会通过具体的实例，运用归纳和类比发现数学关系与规律，提出数学命题与猜想，并加以验证；勇于探索一些开放性的、非常规的实际问题与数学问题。创新意识有助于形成独立思考、敢于质疑的科学态度与理性精神"。

探索与创新是数学的生命线，没有创造，也就没有数学的发展。数学，看似刻板枯燥，但其再创造的过程却是鲜活的，生动有趣的。在这个过程中，通过多种感官的参与、积极探究，让学生获得方法，最大限度地投入到观察、思考、操作、创造的活动中，亲历"创造数学"过程，使学生体验到数学学习的成功和喜悦。

情境是利用一个熟悉的参照物，帮助学习者将要探索的概念与熟悉的经验联系起来，形成自己的知识。小学数学课堂教学情境的创设，要走近学生，以情入境，巧妙贯穿，凸显趣味，真正发挥教学情境的创设在小学数学教学中的作用。

创造力是一个民族不竭的动力。教育要培养出社会主义现代化建设所需要的人才，独立思考和勇于创新是人才的必备素质。在小学数学教学过程中，我们不仅要教会学生如何学习，更要培养他们的思维能力和创造力。虽然小学低年级学生年龄较小，但是创造力的培养没有年龄界限，低年级数学教学应尽早把创造力的培养贯穿其中。在富有创造力的情境场中，唤醒学生的创造意识，激发他们的创造欲望，培养他们的创造能力。

二 课堂实践

在一次小学集团教学比赛中，我执教了小学数学一年级第一册《9加几》这一课。通过这节课的研究，我试图让学生自然进入数学思维的情境场，激发学生有效思维、积极思维，让他们的创造力不断生长。为此，我首先对教材和学生做了深入的调查与思考（见下图）。

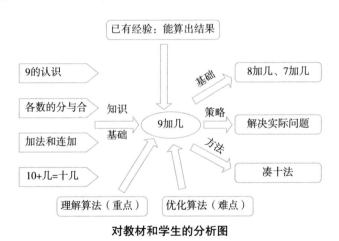

对教材和学生的分析图

《9加几》这一课，学生的认知基础分别是："9的认识""分与合""10以内加法和连加"，以及《认识11—20各数》中的"10+几＝十几"。这些知识点是本节课最直接、最有用的知识基础。学习《9加几》显然对后续的学习有着重大作用。首先，它是以后学习 8 加几、7 加几等 20 以内的进位加法的基础。其次，它为解决相应的实际问题提供了策略和方法。另外，9 加几核心的计算方法是"凑十法"，本节课是学生第一次接触"凑十法"，必将对后续方法的自然迁移提供方法支撑。因而，该教学内容的重要性不言而喻。

课前我又进行了一次学情调查，结果发现大约有 75% 的学生会算出 9 加几的结果，但学生对结果的由来不是很清楚。为数不多的会说计算过程的几个小朋友也是采用继续数数的方法计算出结果的，"凑十法"几乎没有人了解。学生的学习经验是一把双刃剑，学生能算出结果是好事，但是会影响其对新授内容的挑战性和兴趣度，忽略其对算法的深究。怎样利用好学生已有的经验，是我们在设计本课时考虑的一个因素。新课程强调过程比结果更重要，如何将外显的通过动手操作得出的算法内化为算法模型，理解算法是本节课的重点，"凑十法"是本节课的难点。

在此研究与思考基础上，我们走进了数学课堂。

（一）回忆旧知

提供两组口算题：一组是 10+ 几的口算，"10+ 几等于十几"是口算这些题目最直接最可信的方法和技能；另一组是 9+1 再加几的口算，这是为"凑十法"做好铺垫，为后续学习提供有力的方法支撑。

（二）尝试新知

例题教学：通过"先扶后放"，让学生到黑板上移动一个青苹果凑成"十"，让学生认识到 9+4 转化成 10+3，简单又好算，从中体会"凑十法"的优越性。

（三）自主探究

安排"摆一摆 算一算"2道题。学生有了例题的引领，借助刚积累的计算经验很容易利用"凑十法"解决9+5和9+8这两道题，在解决这两题的过程中再次体验"凑十法"的优越性，从而计算9+几的时候能运用"凑十法"进行计算。

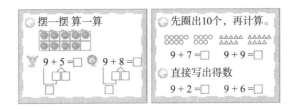

（四）自主练习

提供两组题：两题先圈后算，两题直接写出得数，通过先圈再计算进一步体会"凑十"的优越性，一圈，算式的结果就跃然纸上。直接写出得数的设计意图，帮助学生从形的直观走向算法的抽象，从有模走向无模，让学生直接算出结果，这应该是学习9+几的制高点，毕竟9+几不可能停留在直观的"凑十法"，而应该把直观的"凑十法"移植到学生的头脑中，在头脑中形成图式，这是我们希望看到的，在课堂中我也欣喜地看到了这一点。

（五）总结规律

规律是数学的本质。师生共同整理 9+ 几的所有算式，这是由散聚合、形成系统的一个过程，有了显性的 9 加几的所有算式，通过得数与加数的比较，总结出 9 加几的规律，这无疑为优化算法提供了强有力的支撑。

（六）深度练习

包括对比练习和口算 9+ 几。通过对比练习让学生知道内隐算法的一致性，深挖算法的本质；通过口算 9+ 几进一步提高学生的算法技能，提高计算的正确性，是达成智能目标不可或缺的练习。

三 实践感悟

结合我的设计理念和教学效果，我认为这节课在以下几方面有效地激发了学生思维，培养了学生的创造力，取得了较好效果。

（一）建构"挑战氛围"的情境场，萌发创造欲望

数学学习应该是快乐和富有挑战性的，一年级的孩子尤其如此。为了让孩子们尽快进入数学学习，课堂一开始就制造"挑战氛围"的情境场。在学习伙伴小猴的带领下进入口算闯关，学生的思维一下子集中了，学生在口算中积极参与、积极思考，洋溢着思维带来的兴奋与快乐，同时在简单的口算中，教师巧妙地提问："你有更好的方法算得又对又快吗？"学生的创造欲望一下子被激发出来，孩子们争先恐后地说出自己的方法，在追求与众不同的算法中，创造能力得到锻炼和培养。

（二）建构"自主探究"的情境场，提供创造机会

在"以学为主"的课堂里，教师是学生学习的服务者、引领者和指导者。课堂上为了让学生好学，教师制造"自主探究"的情境场，把静态的例题动态化，通过把四个青苹果分一分，移一移，体会"凑十"的优越性，接

着教师创造性地提供了"9+5""9+8"和先圈后算的探究素材，让学生通过移、圈、想、做，顺利构筑了"凑十法"的模型。正是教师提供了符合学生自主探究的学习素材，学生的自主学习才顺理成章且富有成效，学生从原有的只知结果走向算法的理解和掌握，其思维发生了质的飞跃。儿童的智慧在自主探究活动中实现了"再创造"，自主构建知识，经历了知识的形成过程。

（三）建构"质疑问难"的情境场，提炼创造精度

知识的习得不是点状的，而是块状的或是团状的，在整体上把握知识的本质，是数学教学的必然。本节课 9+ 几的认识不是按从小到大的顺序依次来学习的，如何把所学的点连成线，织成网，教师有意识地把所涉及的九道"9+ 几"的算式进行集中梳理、整体出示，制造"质疑问难"的情境场，让学生整体把握 9+ 几的结果与加数之间的关系。发现个位上的数比所加数少 1 后，教师继续追问这个 1 到哪里去了，让学生的思维再次链接到"凑十法"上来，从单一思维走向整体思维，再次凸显重难点，学生在质疑问难中，创造的精度不断得以锤炼，每个学生都感受到了创造的严谨和精密。

（四）建构"深度反思"的情境场，拓展创造深度

练习是数学课必不可少的环节，但练习不在于多而在于精、准和巧。练习的目的除了检测目标的达成度，更多地指向学生数学化的理解与提升。为此，本环节教师制造"深度反思"的情境场。通过题组练习，让学生找出上下两题之间所隐含的算法的一致性，进一步提升 9+ 几算法的认知水平，较好地培养了学生的思辨能力。学生的创造力在争辩中得到了进一步培养，创造的层次也在不断提升。

培养学生的创造力，让我们的数学课堂不断"生长"，是数学教学的一个梦想。我愿做一个追梦人，在一次次教学研究活动中，在一节一节的磨课中，渐渐实现我们的梦想。

江苏省南通市海门区实验小学　倪燕

让儿童插上空间想象的翅膀

——以苏教版四年级数学《观察物体》为例

一　实践理念

陶行知在《创造的儿童教育》一文中指出："教育是要在儿童自身的基础上，过滤并运用环境的影响，以培养加强发挥这创造力，使他长得更有力量，以贡献于民族与人类。教育不能创造什么，但它能启发解放儿童创造力以从事于创造之工作。"[1] 在图形与几何的教学中，如何启发这种解放，激发儿童的创造呢？我想，着眼点应该放在儿童空间想象力的培养上。

史宁中教授曾说："空间观念的本质是空间想象力。这个想象力既包括从现实物体到平面图形的抽象，也包括从平面图形到现实物体的想象。"[2] 平面图形是二维的，现实物体是三维的，在教学过程中需要不断促进维度之间的转换，给学生留足想象空间。

---

① 陶行知:《创造的儿童教育》,《大公报》, 1944 年 12 月 16 日。
② 史宁中:《基本概念与运算法则》, 高等教育出版社, 2013 年版, 第 61 页。

二 课堂实践

（一）具体片段一

（练习六第一题）

（课件出示洗衣机、电冰箱的三个面让学生辨认。根据物体特征，学生能很快做出判断。不过教学未止步于此，接下来进行了下面的设计。）

师：现在，老师请同学们闭上眼睛，想象一下，冰箱是什么样子。

（生闭眼）

师：睁开眼睛，看一看，你想的跟老师这儿的冰箱一样吗？（出示立体图）

（辨认三个面的过程是根据经验从三维到二维的转换，而闭眼想象的过程则是完成了二维到三维的转换。但就学生原有经验而言，这样的想象空间留得还不够充足，于是接下来老师设计了猜一猜的游戏。）

师：我们来玩一个猜一猜的游戏。

（课件出示微波炉的右面）

师：这是一种常见的家用电器，猜一猜它是什么？（生意见不同）

师：为什么有这么多不同的答案呢？

生：我们只看到了它的一个面。

师：那我们再来看另一种家用电器的一个面，这是——（出示空调的前面）

生：空调。

师：咦？同样是看到一个面，为什么前一种电器你猜不出来，后一种一下子就猜出来了呢？

生：因为我们看到的是空调的前面，特征很明显。

师：真会思考！根据这个经验，前一种电器你想看到它的哪一面？

生：前面。

（课件出示微波炉的前面）

生：微波炉。

师：你能想象出这个微波炉是什么形状的吗？（长方体形状）和这个图片上的微波炉长得差不多吗？

师：有时候，生活中的物体只要看到它有特征的一个面就能类推出它的形状。像这里，我们看到了微波炉的前面，就能够联系生活中的经验想到这是一个长方体形状的微波炉。

（二）具体片段二

（在认识了例一投票箱的三个面之后，笔者对投票箱进行了改造，在左面和右面分别写上投票时间和投票地点，进行了下面的设计。）

师：老师这儿也有个投票箱，请回答老师的问题，答案就藏在箱子上。第一个问题：这个投票箱是哪个村的？（小羊村）

师：老师看这边的同学特别积极，你是怎么知道的？眼见为实，这个投票箱确实是小羊村的。

师：请听第二题：这次投票的时间是什么时候？

师：不错，这次投票就是从 11 月 6 日到 30 日。（转动箱子看一看）

师：咦？老师有个问题，刚刚这边的同学举手特别积极，这次你们怎么不举手了？

生：看不见。

师：老师来采访一下，有没有小朋友两次都没有看到？（有）你们是怎么回事儿，是观察得不够仔细吗？（不是）

师：看来，在不同的位置观察到的结果可能是不一样的。如果同学们坐在教室的不同位置上，比如第一排的同学坐到第二排，第二排的同学坐到第三排，第三排的同学坐到第四排，第四排的同学再坐到第一排，让你再

来观察这个投票箱，你将看到投票箱的哪些面呢？请几位同学来说一说。（请不同位置的同学说）

师：刚才啊，都是同学们在头脑里想的，想得是否准确呢？我们换个位置验证一下。

师：先请第四排的同学起立，出列，到讲台前面来。其余三排的同学起立，依次往这边移一排，看哪一排换的速度最快并且最安静。（生快速换位置）

师：观察一下投票箱，你看到的面和你刚刚想的一样吗？（随机叫几位同学谈一谈）现在看到的和刚刚想的一样的举手给我瞧瞧！

师：还不快把掌声送给自己，你们不仅眼力棒，想象力也不错。

师：现在，我想请一位小朋友上来，站在老师的这个位置上，（指一生）你来。

师：其他同学想一想，他看到了投票箱的哪些面？

生：前面和右面。

师：（问在前面的小朋友）他们说的对吗？

生：对。

师：老师想给你个道具（拿出一把椅子），站上椅子，此时，同学们想一想，他看到了投票箱的哪些面？

生：前面、右面和上面。

师：为什么在同一个位置上，观察的结果会不一样呢？

生：高度不一样。

师：看来啊，不仅坐在不同的位置上观察到的结果可能不一样，我们所站的高度也会影响我们的观察结果呢！

（三）具体片段三

（本单元"试一试"中有这样一道题）

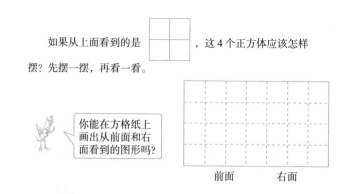

如果从上面看到的是 ⊞ ，这 4 个正方体应该怎样摆？先摆一摆，再看一看。

你能在方格纸上画出从前面和右面看到的图形吗？

前面　　　右面

（这道题很好地实现了二维—三维—二维的转换，但对于大多数四年级学生来讲，因为确定了正方体个数，他们仅凭想象就能画出，动手操作显得多余，挑战性不够。为了让学生的空间想象得到尽可能地发挥，在完成此题的基础上，又另加一道，进行了如下设计。）

师：老师用几个正方体摆成了一个立体图形，它的前面是这样的，你知道我一共摆了几个正方体吗？

（多数学生脱口而出是 3 个）

师：还有没有不一样的答案？（空间能力强的同学稍作思考有了另外的答案，空间能力弱的学生有了动手操作的需要。）

师：四人一小组，用小正方体摆摆看，开始！（生操作）

师：请一个小组代表到前面来摆一摆。

师：看一看他们摆得正确吗？

生：正确。

师：老师这里的正方体不够多，照这样摆下去，你觉得还可以摆多少个？

（7个、8个……）

师：只知道这个立体图形的前面能确定有多少个吗？

生：不能。

师：虽然不能够确定一共有多少个小正方体，但是可以判断至少摆了几个？（3个）为什么？

师：换个角度看看，再看看它的右面。

（学生有了刚才的经验，出现了不同的答案。）

师：请把你脑中想的动手摆一摆，验证一下正不正确。

（生操作，全班交流。）

师：看来现在还不能确定到底是几个。怎么办？

生：再给我们看上面。

师：满足你们。

师：确定一共摆了多少个正方体了吗？

生：确定是4个。

（一开始出示立体图形的前面时，学生很容易想到是3个，而动动手以后，立马发现情况没有想得那么简单，可以有很多种不一样的摆法。在一定程度上，这时候的动手操作打破了学生的思维定式，再问一句"照这样摆下去，你觉得还可以摆多少个"，使得学生思维变得开阔，想象力得到更大发挥。接着出示右面，有了刚才的操作经验，学生不难想到答案不唯一，这里的动手操作是为了验证，最后出示上面，确定正方体的个数。在图形与几何的教学中，动手操作必不可少，但绝不是为了操作而操作，要在学生产生需要时才能真正发挥作用。）

三 实践感悟

（一）原有生活经验为想象奠基

学生在日常生活中积累了丰富的关于空间物体的视觉经验，教师在教学过程中，可以充分利用这些经验，为学习架起支点。

对于日常生活中熟悉的事物，学生具有一种亲近感，将这种亲近感加以利用，注入新的学习元素，如上述例子中根据实际物体的一个有特征的面想象出它的形状，利用学生原有经验的刺激，引导学生转到"发散—集中—再发散—再集中"的思维运动轨道上来。

（二）观察为想象提供不同视角

直观思维是创造性思维的形式之一，学生由于直观经验的积累触发的感悟是学生创造性思维的重要体现。范希尔指出："直观是以直接观察为基础所得的结论。"因此，观察是发展学生空间能力的重要途径。本单元侧重让学生体会站在不同的角度，观察到的结果可能不一样。这种观察往往从学生自己的角度出发，若在此时让学生想象从不同角度观察会得到怎样的结果，进行一定程度的推理，并通过实际观察加以验证，则会对发展学生的空间能力提供更多的契机。

同时，观察为学生提供了一个直观材料，在此基础上再去对不同角度观察到的东西进行想象。无论是换位置之前的想象，还是在被请到讲台前的小朋友视角上的想象，在三维空间内经历了观察—想象—验证的过程，想象的视角更为丰富。

（三）动手操作为想象助力

心理学认为，空间观念的形成不像拍照，要想建立空间观念，必须有动手做的过程。苏霍姆林斯基说："手是意识的伟大培育者，又是智慧的创造者。"让学生亲自去摸一摸、摆一摆、拼一拼，充分运用指尖智慧的同时，调动起多种感官协同作用，为空间观念的形成奠定坚实的基础。想象的巨大影响不言而喻，但如果仅有想象而没有实际操作的支撑，结论往往很难让人信服，操作是想象的助推力，有一种证明的内在力量。

学生空间能力的发展不是一朝一夕就能完成的，需要长期的浸润。在这个过程中，要充分利用学生的原有经验，多感官结合，注重促进不同维度的转换，才能让孩子真正插上空间想象的翅膀，自由翱翔！

江苏省南通崇川小学　袁怡楠

在生活情境中培养学生的想象力

——以苏教版四年级数学《三角形的认识》为例

一 实践理念

人的想象力是在已有经验和形象的基础上，在自己头脑中创造新形象的一种能力。小学数学教学目标之一，就是要培养学生的想象力。如果没有想象，人类就不可能有发明创造。

这节课的教学内容是"空间与图形"领域里的一个重要内容。创设数学情境，帮助学生对三角形的有关知识有了清晰理解，让学生积累一些认识图形的经验和方法，为培养学生的空间想象能力和创造能力打下坚实基础。例1首先创设现实情境，让学生从中找三角形，并说说生活中的三角形，初步感知三角形的特征。接着让学生动手做出一个三角形，体会三角形是由三条线段围成的，并抽象出图形，进而介绍三角形各部分的名称，形成三角形的概念。例2则是让学生在活动情境中感受三角形三条边的长度关系，发现"三角形任意两条边的长度和大于第三边"这一规律。"想想做做"让学生通过画图、观察、操作等数学情境，及时巩固所学知识，发展数学能力。

（一）结合生活情境，培养空间观念

培养学生的想象能力要结合学生已有的生活经验，从简单的图形辨认做

起，力求循序渐进。让学生先辨认长方形、正方形、三角形、平行四边形和圆等简单图形，在此基础上逐步认识这些图形的特征，这都属于理解层面的一些要求。注意从学生的生活实际出发，选取学生熟悉的生活情境，这是发展空间观念的重要基础。在数学教学中应结合学生的生活实际，合理创设教学情境，引导学生把在生活中感受到的图形与相应的数学知识联系起来，不断增强直观体验，充分认识这些图形。

（二）创设质疑情境，助长空间思维力

培养学生的空间思维能力宜从质疑问难开始。"几条线段可以围成一个三角形？（三条）有了三条线段一定能围成一个三角形吗？"教师的问题，引发了学生的认知冲突，学生的思维也随之活跃起来。接着组织学生探讨三角形三条边之间的关系，并发现"任意两边之和都大于第三边"这一规律。再用实际操作验证自己的猜想。在这一质疑情境中，学生经历了发现问题、独立思考、合作探索、解决问题、主动获取新知的实践过程，其主体作用得到了充分发挥，成了数学学习的主人，同时帮助学生形成空间观念、发展创造性思维。

（三）增强操作情境，发展空间想象力

实践出真知，动手实践、自主探索、合作交流是新课改倡导的学习方式。本着这一理念，这节课主要有三个操作情境：一是画一画，认识三角形的特征；二是拉一拉，感知三角形的稳定性；三是比一比，探究三角形任意两边之和大于第三边的特性。让学生在操作情境中充分感知、体验，经历探索数学知识的全过程，调动多种感官协同作战，更易于学生空间观念的形成和空间想象力的发展。

学生空间想象力的培养，就是增加学生的空间表象积累，协调其行为。我们需要精心设计数学情境，培养学生的想象能力。

二 课堂实践

（一）创设生活情境，引发思考想象

1. 多媒体课件呈现篮球架图片。

师：同学们，你们都有些什么兴趣爱好？

生：老师，我的爱好是看书。

生：我的爱好是运动。

师：那么，你喜欢的运动是什么？

生：老师，我喜欢足球。

生：我更喜欢篮球。

师：那么，在我们熟悉的篮球架上，你能找出哪些我们已经认识的图形？

生：篮球架上的那块板是个长方形。

生：板上中间的图形是个正方形。

生：板前的那个物体是个圆形。

生：在板的后面还有一些三角形。

师：同学们，你们的发现还真不少。

2. 揭示课题。

师：今天这节课，我和同学们一起来认识三角形。（板书课题：认识三角形）

3. 找三角形。

师：你在我们的生活中见到过哪些物体的形状是三角形的？

生：我们用的三角板是个三角形。

师：是的，还有吗？

生：还有。路边高压电线杆的支架也是一个三角形。

师：再仔细想一想，还有哪些呢？

生：自行车上的支架。

......

师：其实，三角形在我们生活中是随处可见的。

设计意图：本课导入部分，从学生已经学过的知识和熟悉的生活情境入手，来寻找生活中的三角形，更容易引发学生的认知冲突，唤起学生主动探究新知的欲望，也使学生初步感受到数学与生活密切相关，体会到数学学习的价值。

（二）优化操作情境，体验探究过程

● 活动一：三角形的特征。

1. 三角形的意义。

师：看来三角形在我们生活中普遍存在、应用广泛，现在，我们就来进一步了解三角形的一些特征。大家能利用自己手中的材料做一个三角形吗？

生：能。

师：那好，我们一起来做一做，再看一看。

（学生做三角形，教师巡视指导。）

师：刚才你是怎样做三角形的？

生：刚才我用三根长短不同的小棒摆了一个三角形。

师：还有不同的方法吗？

生：我用橡皮筋在钉子板上围成了一个三角形。

生：我用铅笔直接沿着三角板的边画了一个三角形。

生：我用直尺在方格纸上画了一个三角形。

生：老师，我用硬纸板剪了一个三角形。

师：谁愿意把自己做的三角形展示一下，并说说做的过程和想法？

……

师：由此可知，三角形都是由三条线段围成的图形。

2. 三角形的特征。

师：一个三角形有几条边？

生：一个三角形有三条边。（师板书：三条边）

生：老师，我要补充，一个三角形有三条长短不同的边。

师：你讲得非常好，再想一想，三角形有几个角和几个顶点？

生：通过观察，我知道了一个三角形有三个角和三个顶点。（师板书：三个角、三个顶点）

3. 画三角形。在点子图上画两个不同形状的三角形。画好后展示。

4. 拉三角形。

师：老师这儿也有一个三角形，谁来拉一拉？

生：老师，我来。（拉了拉）我没拉动。

师：同学们，这个同学没拉动是什么意思呢？

生：我知道，说明三角形没有变形。

师：三角形具有稳定性。

5. 练一练。

（1）要求学生独立完成"想想做做"第1题。

（2）在小组里互相说说三角形各部分的名称，再指一指。

提示：以图中的点作为三角形的一个顶点，画一个三角形。

学生画好后再指名说说三角形的特征。

设计意图：通过画、说三角形，为学生提供了一个"做数学"的情境。在活动过程中，不同的学生由于生活经验的不同，呈现出来的三角形的形状、大小、位置也不同，从而使不同的学生发现了一些三角形的相同特征，在做数学中感知了三角形的特征。学生在"做三角形、画三角形、比较三角形和拉三角形"等情境中由具体到抽象，由生活到数学，逐步实现了三角形概念的主动建构，这一过程也是数学化的过程，提高了学生的空间思维能力。

● 活动二：发现三角形三边之间的关系。

1. 设疑。

师：几条线段可以围成一个三角形？

生：三条线段可以围成一个三角形。

师：有了三条线段一定可以围成一个三角形吗？

生：三条线段可以围成一个三角形。

生：我要补充，有了三条线段不一定能围成一个三角形。

师：那么，怎样的三条线段才能围成一个三角形呢？

（学生讨论，然后在小组内交流自己的想法。）

2. 操作。

师：请同学们将饮料吸管任意折成三段，看能否围成一个三角形。

师：刚才大家都非常积极主动，不过有的同学能围成一个三角形，有的同学却不能，这里面有什么奥秘呢？哪位同学有勇气展示自己没有围成三角形的作品？

（生展示"失败"的作品，师组织学生讨论，交流汇报。）

生：如果上面的两根短的小棒的长度之和与长的小棒相等，就能围成一个三角形了。

生：我不同意你的看法，因为上面的两根短的小棒的长度之和与长的小棒相等时，组合成的图形就平行或者重合了。

生：我的观点是只有上面的两根小棒长度之和大于下面的小棒，才可能围成一个三角形。

师：老师有点儿为难了，有的同学认为，两根短的小棒的长度之和与长的小棒的长度相等时，可以围成一个三角形；也有的同学对此表示反对；还有的同学认为，两根短的小棒的长度大于长的小棒时才有可能围成一个三角形。然而这仅仅是我们的猜想，有时候我们还真的不能光凭自己的想象，不是说口说无凭嘛，那就需要我们用实验来检验自己的猜想。

3. 合作探究。

师：请同学们拿出桌上的信封，里面装着什么东西，猜一猜。

生：我发现了信封内装有 3 厘米、4 厘米、5 厘米和 8 厘米的小棒各一根。

师：各小组测量 4 根小棒的长度。

（小组合作，任意取 3 根小棒围三角形，并且记录好每次选用的小棒的长度以及能否围成三角形。）

（学生小组活动，并填写好测量记录表格。）

测量记录

第一根小棒的长度	第二根小棒的长度	第三根小棒的长度	能否围成三角形

（大家交流结果）

师：通过刚才的实验，哪几条线段能围成一个三角形呢？

生：用 8 厘米、5 厘米、4 厘米这三条线段，能围成一个三角形。

师：为什么呢？

生：因为任意两边之和大于第三边。

师：由 8 厘米、5 厘米、3 厘米这三条线段能不能围成一个三角形？

生：不能围成，通过计算发现。这是因为两边之和等于第三边是不能围成三角形的。

师：由 8 厘米、3 厘米、4 厘米这三条线段能不能围成一个三角形？

生：通过计算，我发现这里的两边之和小于第三边，所以，这三条线段不能围成一个三角形。

师：由 3 厘米、5 厘米、4 厘米这三条线段，能围成三角形吗？

生：通过计算，我发现任意两边之和大于第三边，所以由这三条线段能围成一个三角形。

4. 小结。

师：通过研究，你们发现三角形的三条边的长度应该有什么关系？

生：三角形的任意两条边的长度之和大于第三边。

> 设计意图："学生通过一些操作情境，在实践中发现了数学问题，引发了认知冲突，组织学生小组讨论，探讨三角形三条边之间的关系。在学生发生争论的基础上，引导学生独立思考，用实验来验证自己的猜想。"[1] 在这一探究过程中，学生经历了发现问题、独立思考、合作探索、解决问题、主动获取新知的实践过程，学生的主体作用得到了充分发挥，成为数学学习的主人，同时培养了学生的探究能力和创造意识。

（三）巧用实践情境，拓展延伸想象

1. 运用：完成"想想做做"第 2、3 题。

学生读题后，自己做出判断，指名在全班交流。

2. 拓展。

（1）数一数有几个三角形。

（2）为 10 厘米、4 厘米两根吸管再配一根吸管围成三角形，还可以配多长的吸管？有多少种方法？有范围限制吗？

> 设计意图：充分挖掘教材资源，练习设计层层深入，既巩固新知，又拓展学生的思维。因此，我们可以通过引导学生实践，发展学生的空间想象能力。

（四）回归交流情境，归纳提升技能

动手实践、自主探索、合作交流的数学情境，使学生主动获得数学知识和技能，发展了学生的思维能力，培养了他们的创新意识。教学中要注意加强数学知识与生活实际的联系，让学生体会数学的价值，激发学生的学习兴

---

[1] 薛志华：《〈三角形的认识〉教学设计》，《教学与管理》，2012 年第 2 期。

趣，培养应用意识和实践能力。练习具有针对性、层次性、实践性，巩固了学生对三角形特征的认识，发展了空间想象力。

三　实践感悟

理想的数学课堂是学生发展的课堂，是学生在价值引领下的自主探究的过程，是师生互动的过程，也是以动态生成方式推进教学活动的过程。学生在数学情境中探究，情感会开发潜在的智能，想象能力得到了培养，创造力也随之得到发展。

（一）在熟知的生活情境中激发探究兴趣

李吉林说："把课上得好懂、有趣、有一定的难度。设法把学生带入一个可以理解，而又需努力，有障碍，而又可以逾越的境界，那最容易激起儿童求知欲和好奇心。"教学时通过学生的现实生活情境来认识三角形，学生热情高涨，兴趣盎然。因此，教师在领会教材编写意图的基础上进行了二次开发，从学生熟悉的生活情境中寻找已经认识的图形，复习旧知，唤醒学生的知识经验，拓宽了学生的视野，培养了学生的空间观念，激发了探究的欲望和兴趣。

（二）在有趣的操作情境中体验探究过程

动手实践、自主探索、合作交流是新课改倡导的学生学习的重要方式。本节课主要有三个活动情境：通过学生动手画一画、拉一拉、比一比，让学生在充分的操作活动中感知、体验，经历探索数学知识的全过程，以外在有形的动手活动来发展学生的想象力，培养其探索数学问题的能力。

（三）在多样的活动情境中生成新的知识

新课程下的数学教学是数学活动情境的教学，是师生之间交往互动与共同发展的过程，这个过程是动态生成的，是以活动情境为阵地、在充分感知的基础上生成新技能的。预设与生成有着密切关系，情境是预设的，想象是生成的。在本节课教学中，各个环节都有一定的开放性，为学生的自主探索留下了较大的空间，使学生新知的探究始终建立在问题引领、自主探索、主动建构和自然生成之中。这样，更有利于学生空间想象力和创造性思维的发展。

江苏省如东县曹埠镇曹埠小学　薛志华

让实践活动激活课堂的创新能量

——以苏教版五年级数学《玩转三角尺》为例

一 实践理念

教师要"通过丰富的教学方式让学生在实践、探究、体验、反思、合作、交流等学习过程中感悟基本思想、积累基本活动经验，发挥每一种教学方式的育人价值，促进学生核心素养发展"[①]。实践活动在数学课堂中起到了非常重要的作用，它能激活课堂中的创新能量。

首先，课堂上进行数学实践活动教学，能适时调节课堂学习的氛围，让数学课堂呈现出一种相对轻松活泼的形态，这样的数学课堂改变了数学惯有的"枯燥""严肃"，让学生在轻松愉悦的氛围中获取数学知识，从而喜欢上数学课。心理学研究告诉我们，创新是一种非常复杂的思维活动，它往往萌芽于好奇心，而这种心理体验在相对活跃、宽松、自主的氛围中更加容易产生。

其次，课堂上的数学实践活动，能让学生的情绪在活动情境中"嗨"起来，有效激活学生学习过程中容易被忽视的主体意识。一次成功的、有效的

[①] 中华人民共和国教育部：《义务教育数学课程标准（2022年版）》，北京师范大学出版社，2022年版，第86页。

数学实践活动往往能够将数学知识巧妙地隐藏于此，通过学生的自主探索，发现"预埋"于此的知识，进而主动构建起知识的本质内涵，同时获取学习数学的成功体验。

最后，课堂上的数学实践活动，需要调动学生的多重感官共同参与学习，符合小学生"形象思维占主体，逐渐向抽象思维过渡"的年龄特点。视觉和触觉比听觉更容易记住，多感官参与能够加深学生对数学知识本身的理解深度，强化对知识的记忆，提高运用知识的准确性、灵活性。

在数学课堂中，教师可以设计生动有趣的数学实践性活动，引导学生经历实验、操作、猜想、验证等过程，并发现、提出、分析和解决问题，激活创新能量。因为数学实践活动有着内涵丰富的研究性课题内容，能够使学生的思维能力和智力水平得到提高，所以教师要有意识地为学生创造条件，创造性地开展数学实践活动，让学生在体验中增强对数学的情感。

二 课堂实践

（一）课例研究的缘由

创造性地开展数学实践活动，不仅可以全面优化教学的各个环节，还可以根据实际情况拓展教学内容，实施班本化的数学实践活动。只有教师有智力的投入，学生才会有智力的收获；只有教师投入了情感，学生才可能有情感的收获。创造性地开展数学实践活动本身就是一种创新，有利于激发学生的创新能量。

在南通市小学数学学科基地暨"高效课堂"专题研讨活动中，我执教了一节研究课《玩转三角尺》，这是五年级上学期学生在学习了"平行四边形的面积""三角形的面积""梯形的面积"等知识之后展开的一次数学实践活动。在教学之前，学生已经对三角尺有了初步的认识——用三角尺上的刻度画线段量线段、用三角尺上的角量角画角、用一副三角尺拼角拼图形。学生还对平面图形（包括以前学过的长方形、正方形，刚刚学过的平行四边形、三角形、梯形）有了初步认识，会计算它们的面积。设计这节课的目的就是利用三角尺这一常见的学习工具将一些学过的数学知识串联、融合在一起，以提高学生综合利用这些数学知识的能力，提高学习数学的兴趣，体验探索的乐趣，感受数学文化的魅力。

在进行本课教学设计时，我特别注重动手操作在目标达成方面的作用，特别注重数学文化的寻觅之旅，让学生开启一扇情智的天窗，激活埋藏在学生内心深处的创新能量。我将教学目标预设为以下三点：（1）通过画、拼、算等活动，回顾一些和角、边、面有关的知识；（2）学会合作，在活动中提高综合运用知识的能力；（3）经历探索的过程，形成数学活动经验，产生积极的数学情感。

（二）课堂教学的开展

为了让学生感受《玩转三角尺》的学习之乐，我用白板技术制作了课件。课堂伊始，我请两名学生上台在屏幕上随意玩玩白板圆盘中的工具，还欣赏了由三角形拼成的三维立体动态图形及不可能三角形。一切都是那么好玩，那么新奇，既然课一开始已经很有趣了，那么本课的学习内容值得期待。我从学生好奇的眼神中完全可以看出这节新开发的课带给学生的吸引力。

1.玩一玩，激发玩转三角尺的兴趣。

师：（PPT 出示三角尺，一边转一边说）同学们看，这是我们常用的学习工具——三角尺，谁来介绍一下它每个角的度数？

（学生介绍）

师：那我们现在就把这个三角尺称为"含30°角"的三角尺，这一个就称为"含有45°角"的三角尺。今天这节课我们一起来玩转这两个三角尺。

（出示 PPT，同时板书课题。）

师：三角尺的玩法可多了，你们敢接受高难度的玩法吗？请看挑战一。（出示 PPT：创造一副三角尺）

2.剪一剪，创造一副三角尺。

师：（稍微顿一顿）有难度吧？别怕，老师为大家准备了一个锦囊。每个同
学都会发到两个平面图形，一个是等边三角形，另一个是正方形，这两
个图形就是诞生三角尺的原材料。请看活动要求：

（1）想一想：怎样利用手中的这两个平面图形剪出一副直角三角尺。

（2）说一说：在小组内交流各自的想法，确定最合理的方法。

（3）剪一剪：剪出一副直角三角尺。

（4）验证一下，创造出来的三角尺的形状和我们平时使用的直角三角尺
一样吗？

（学生动手创造，教师指导。）

师：哪个小组愿意派代表上来进行全班交流？

（学生在投影上进行交流）

师：（一边出示 PPT，一边小结）同学们，刚才我们首先将一个正方形沿对
角线剪开，原来 90° 的这个角变成了两个 45°，另一个 90° 角也变成了
两个 45° 的，还有一个角仍然是直角。这样就能说明咱们得到的就是一
个含有 45° 角的直角三角尺。

（后来我们就将等边三角形沿着一条边上的高剪开，原本一个 60° 的角
变成了两个 30° 的，另外 60° 角没有变，同时还有一个直角。这样就能说明
大家得到的就是一个含有 30° 角的直角三角尺。）

师：同学们，短短几分钟时间，大家就创造出了一副属于自己的三角尺，真
是令人佩服。那三角尺的形状为什么会这样规定？它到底是怎么产生的
呢？关于这两个问题，老师搜集到了这样一份资料，请看屏幕（追溯历
史，播放视频演示三角尺的诞生）。

师：在刚才研究的基础上，咱们的挑战继续升级，请看挑战二（出示 PPT：
找一找边的关系）。比一比，看谁能最先发现藏在三角尺边中的秘密。

（学生畅所欲言，先在小组内交流，再进行全班交流。）

师：由于时间关系，咱们重点来研究这两个问题。（出示 PPT）

（1）在含 30° 角的三角尺中，较短的直角边与斜边的长度有什么关系？

（2）在含 45° 角的三角尺中，斜边的长度与斜边上的高有什么关系？

（指名上台讲解，适时补充。）

3. 拼一拼，合作完成组合图形。

师：通过刚才的研究，我们对三角尺的认识更加深刻了，接下来利用刚才的研究成果继续走上创造之旅。请看挑战三。（出示 PPT：美丽的三角板拼图）

用 4 个含 30° 的直角三角板或 4 个含 45° 的直角三角板，小组合作拼出美丽的图形或图案，并贴在白纸上。

根据拼出的图形想一想，你能提出什么数学问题。

（学生小组合作，教师搜集不同的作品，展示在大黑板上。）

师：这些图形都很漂亮，你认为哪些图形很有数学味道？

（教师挑选出里外都是正方形的图形）

师：谁能对这幅作品提出一个数学问题？谁能解答这个问题？

（教师挑选出弦图）

师：这个图形有一个专门的名字，叫"弦图"（板书：弦图），它是我国古代数学家为研究某个数学问题而专门绘制的。2002 年，国际数学家大会在北京召开的时候，还把这幅图作为数学家大会的会标。这幅图在我们数学史上有着重要地位。

师：（出示 PPT 弦图）课前，老师用普通的直角三角形也拼出了一幅弦图，每个小三角形的两条直角边长度分别为 3 厘米和 4 厘米（PPT 出示数据）。

师：接下来我们好好研究一下这个弦图，请大家拿出学习单，独立思考上面的三个问题并在小组内交流。

（1）里面这个小正方形的面积是多少平方厘米？

（2）外面这个大正方形的面积是多少平方厘米？

（3）一个直角三角形斜边的长是多少厘米？

（学生小组进行汇报）

师：根据两条直角边的长度求出斜边的长度是初中的数学知识，现在大家利用弦图也完成了这样的计算，真是了不起。其实，在所有的直角三角形中，三条边的长度之间还藏着一个重大的秘密，这个秘密到底是什么？（稍停）等着同学们日后去发现。

4. 总结全课。

师：同学们，不知不觉中课就要结束了，在这堂课中你有哪些收获？

师：关于三角板，其实还有很多知识。最后让我们欣赏一下用三角板拼出的各种美丽的图形吧！（分动物篇、植物篇、人物篇、风景篇）

三 实践感悟

年级组内磨课，教研组内试教，校级公开研讨，每一次打磨都对教学本身有一种更深刻的体验。磨刀、磨剑、磨课，磨出的都是对本质的理解。一次次不断地去除似鸡肋般的教学环节，一点点改进"眼高手低"的教学设计，我不断地取舍、挖掘、合作、探究……抽丝剥茧般地不断深入反思，渐渐地才"熬"出了数学实践活动课的创新味道。

（一）基于创造，课堂迸发无限活力

创造性思维是创造性活动中的思维活动，让课堂迸发思维活力，就需要教师创造性地实施课堂教学，同时尽量给学生多创造一些动手实践的机会。回顾课堂教学，三角尺是学生常用的学习工具，创造一副三角尺是一项具有一定挑战性的难题。给予一定提示之后，学生离成功创造三角尺只有一步之遥，这种挑战让学生兴奋不已。当学生通过自己的努力成功创造出一副属于自己的三角尺之后，内心深处充满了激动，体验到成功的喜悦。

用自己创造出的三角尺进行小组合作，二次创造出一幅组合图形对学生而言是比较开放的。课堂上，学生们不仅创造出了三角形、平行四边形、正方形、长方形、梯形等规则图形，还创造出了风车、房屋、小船、宝剑等物品，有的小组甚至创造出了"弦图"等具有一定思维含量的组合图形。

这堂课中，创造不断，前一环的创造为后一环的创造做铺垫，创造一环

接着一环，不断点燃学生创造性思维的火花。

（二）基于拓展，课堂激活创新能量

数学课堂不应仅仅立足于"传授知识、解决疑惑"，还应该拓展知识，特别是数学实践活动，更要注重横向整合各科，纵向寻觅历史，这样的课堂有了一定的延伸，课堂才有韧劲，才能激活创新能量。在这堂课的教学中，我抓住学生可能产生的疑惑，追溯历史的起源，寻觅三角尺的产生，在学生看来原本普普通通的三角尺竟然有着如此悠久的历史。说实话，关于三角尺的产生，我也是查阅了很多资料才确定的；对学生而言，相当于打开了一扇知识的窗户。

当学生小组合作创造出了组合图形之后，我仔细寻找"作品"中的教学资源，将具有一定教学价值的"作品"一一呈现在黑板上，请学生提问。学生提的问题可谓五花八门，有提问周长的，有提问面积的，有提问倍数关系的……学生提问，学生解答，随着教学的深入，各个基本平面图形的周长、面积复习了一个遍。最后抓住最具有代表性的组合图形"弦图"（见下图）展开研究。计算大正方形的面积、推算大正方形的边长，有意识地引导学生逐步经历勾股定理的演算过程。

有一定难度的挑战让课堂充满创新的能量。这些有价值的知识拓展和过程经历，对学生将来的学习也大有裨益。

（三）基于整合，课堂拥有无限期待

浙江省数学教研员斯苗儿说，数学教学应该是"清清爽爽一条线"，而不是模模糊糊一大片。在数学教学中，我们要有自己的一条教学之线贯穿始终，这样整合性强的数学课堂才能充满无限的发展空间。

在本课教学中，我按照"引入三角尺—创造三角尺—玩转三角尺—总结三角尺"这一线索将教学内容作了整合。为了有效地展开教学，在每一教学环节，我用问题整合教学，在"创造三角尺"环节，我用"怎样利用手中的这两个平面图形剪出一副直角三角尺"这样的问题开启学生的创造能量，"验证三角尺"，说说三角尺的各个角的度数的变化，"研究三角尺"，了解三角尺三条边之间的长度关系。用一个问题引出两个问题，用两个问题引导学生对三角尺角的关系及边的关系做比较深入的研究。

为了提升教学效果，这堂课整合了多种教学方式，如白板的直观操作演示、教具学具的操作体验、图片和视频的展示、学程单的自主与合作运用等，把多元化的教学方式整合到各个教学环节，让课堂拥有了思维活力。关于三角尺的数学知识，从低级的关于边与角的关系、中级的拼成的平面图形的面积与周长，到历史源头的三角尺的诞生、初中数学的勾股定理，形成整合度非常高的知识模块。

"数学是最适合培养儿童创造性思维的学科，儿童的创造力可以通过科学有效的教学得到发展。"[①] 在上述课例中，我初次尝试了对数学实践活动的创造性实施，从教学内容的选择到教学方式的多样化、教学资源的充分整合，由于处处注入了教师自身的情感，实施起来得心应手。因为在教学之前已经充分研究了学生的学情，教学比较适合班级学生，课堂上处处彰显出教学的活力，学生的创新思维不断涌出，创新能量不断被激发。

江苏省南通市海门区实验小学　黄晓波

---

① 王灿明，等：《情境教育促进儿童创造力发展：理论探索与实证研究》，中国社会科学出版社，2019 年版，第 217 页。

II

美的
润泽

儿童教育家李吉林创造性地将艺术手段与语言描绘相结合，用来创设情境，凸显教学的"美感性"，并把"以美为突破口"摆在情境课程操作要义的首位，呈现美的形式、美的内容、美的语言，这就使课堂形成了一个强大的磁场，吸引儿童参与其中，受到"美"的感染与熏陶，发挥出"美"所具有的独特的育人价值。李吉林指出："当儿童生来具有的审美需求得到满足时，就会产生愉悦的情绪，进而产生主动地投入教学过程的'力'。情境教学就是把学科知识镶嵌在浸润了文化艺术的、美的情境中。美感的笼罩，使各科教学的文化内涵得到顺乎自然的体现。"① 在她看来，美的情境的创设，是开发儿童智慧潜能的最佳途径。

"美的润泽"板块包含课题实验中形成的 5 个课例。传统的学科课程之间壁垒森严，削弱了教育的整体效应，为此，李吉林创造性地构建出"主题性大单元情境课程"，奏响了我国基础教育改革综合实践活动、"综合性学习"、跨学科学习方面改革的先声。江苏省特级教师唐颖颖老师所开发的主题性情境课程《奇妙的云》，以"云朵"为主题，组织儿童观察美丽的大自然，进行主题阅读活动，张开想象的翅膀，进入美的氛围之中，进行创造性表达活动，促进儿童的全面发展。张洪涛老师在儿童教育家李吉林的亲自指导下设计、执教了想象性语言训练课《森林学校》，以美的情境，引导学生美美地想、乐乐地说、乐乐地写，儿童的观察、想象与创造性的言语表达相得益彰，获得了和谐发展。

---

① 李吉林：《情境教育的独特优势及其建构》，《教育研究》，2009 年第 3 期。

绘本阅读是近年来语文阅读教学发展的一个新亮点。葛娟老师设计的《小黑鱼》课例，利用绘本图画的形象直观性和可依托性，引导儿童仔细观察，大胆猜想，理解故事内容，培养他们的观察能力、理解能力、想象能力和表达能力，开启了愉快的创造之旅。

　　我国是一个诗的国度，具有悠久的诗教传统。王珏老师执教的《春光染绿我们双脚》课例、江苏省特级教师赵娟老师执教的《四季的脚步》课例，以情境引导学生诵读诗歌美的语言，展开想象，感受诗歌美的意境，触摸诗人丰富的情感脉搏，在角色扮演中强化情感体验，"情动而辞发"地投入创造性语言表达活动。

　　让我们走进实验班的美的课堂，看看执教者如何通过创设美的情境，磁石般吸引儿童投入学习活动之中的。

让儿童的想象在云天飞翔

——以三年级语文主题性情境学习《奇妙的云》教学实践为例

一 实践理念

想象力是创造的源泉，是生命之根，它可以让我们突破生活中诸多的有限性与必然性，获得心灵的超越，生命的释放。因而，有想象的生活才更具诗情画意，有想象的生命才更加飘逸美丽。

童年是培养想象力的关键期。语文学科是培养儿童想象力的重要阵地。而当下语文教学中却充斥着机械训练、标准答案等诸多损害儿童想象力发展的现象。这些问题不解决，儿童的思维就难以灵动，想象就难以展翅，创造力培养就难以落实。

儿童想象力的培养需要教师找寻儿童感兴趣的、有广阔想象空间的切入点。大自然是培养儿童想象力的绝佳材料。在他们眼里，自然界中的事物往往具有拟人性，他们能听到鸟儿在交谈，小虫在鸣唱；他们能感受到蝴蝶飞舞时的欢乐，柳条舞动时的舒畅；他们能觉察到小溪流动的欢快，乌云聚集的凶狠……在儿童世界中，自然常常被人格化而成为富有情趣的景观。孩童时期丰富的自然体验将成为他们未来多样性思考能力的源泉。可以说，大自然是儿童最好的启蒙老师。

在本次教学中，唐颖颖老师选取的学习主题是"奇妙的云"。云，飘浮在蓝天，让人一看便觉心旷神怡；云，极富变化，令人看了不禁浮想联翩……这是一个孩子们比较熟悉但由于在空间上有一定距离又存在一定神秘感的自然事物。正因为如此，"云"特别适合作为学习主题让孩子们进行观察、阅读、想象、表达。孩子们的思绪会随着云儿飘飞，他们会变成一只只自由自在的"想象鸟"在绚丽多彩的"云"的天地里展翅高飞。

一个个自然事物成为儿童的学习主题，并在情境中历经感受体验、想象表达等活动，这些事物在孩子们眼里便成了一个个有故事的"人物"。当在现实生活中与它们再次"相遇"时，孩子们对这些曾经出现在小诗、故事中的事物就多了一份亲近感，就像遇到了熟悉的伙伴。这样，孩子们的生活也就多了些诗意，多了些幸福。

二 课堂实践

（一）教学目标

1.学生观察云的形态以及奇妙的变化，感受云的绚丽多姿，激起对蓝天、白云的热爱之情。

2.诵读有关云的诗歌与美文，感受语言文字的精妙，培养学生的阅读兴趣。

3.边观察边想象，并进行相关的语言描述，培养学生大胆想象、灵动表达的能力。

（二）教学重点

诵读诗文，感受语言文字的丰富与优美。

（三）教学难点

展开想象，大胆表达，创编童话。

（四）**教学过程**

1.猜字谜，激发兴趣。

（1）小朋友们，唐老师请你们猜一个字，这个字是三千多年前的甲骨文，谁能猜到？

出示甲骨文。

（2）对，这就是"云"字。这就是中国汉字的特点之一——象形。

（3）在我国古代，"云"字有好多种不同的写法，金文、篆文、籀（zhòu）文……隶书、楷书与我们现在的"云"字很相似了。

（4）你们看，单一个"云"字，就有那么多不同的写法，我们祖国的语言文字多么神奇呀！看着这些"云"字，我们会想起在生活中看到的云，也是那么千变万化，非常奇妙。今天我们就来围绕云看看、读读、想想、说说"奇妙的云"。

2.欣赏多姿多彩的云。

（1）云千姿百态、五彩缤纷，非常美。我们一起看看。

出示几组云的图片，相机积累描述云的词语。

（2）刚才小朋友们说了这么多描写云的词语，现在我们把这些常用的词归归类，这样，记起来容易，用起来也方便。

天高云淡　朵朵白云　彩霞满天

乌云密布　乌云翻滚　黑云蔽日

变幻莫测　千姿百态　千变万化

（3）每一行词有什么特点？

（4）请小朋友们想着画面，读出不同的语气，一排读一行。

（5）小结：我们观察了天空中云的不同形态，积累了那么多词，这些词语都很生动，我们要学习应用。

3.描述蓝天上的连环画。

（1）小朋友们，晴天的云、雨天的云、清晨和傍晚的云都不相同，多奇妙啊！如果我们仔细观察，就会发现每一朵云有不同的形状，我们来看一

下。（出示一组图片）

　　（2）云像什么？

　　出示句式：云像……

　　（3）再具体地说说云像什么，在干什么呢？

　　出示句式：云像……在……

生：云像巨龙，在天空中翻滚。

生：云像大白鲸，在大海里自由地游泳。

师：说得好！把云比作大白鲸，还把天空想象成大海。大白鲸就能在大海里畅游了。

生：云像一列长长的火车，它要驶向遥远的天边。

生：云像一只小鸟，正在和飞机比谁飞得高。

生：云像棉花糖，我真想咬一口看看甜不甜。

生：云像一只巨大的枕头，我想睡在上面一定非常舒服。

　　（4）云的神奇还在于它会变。看，这时，吹来一阵风，云变了，变成了什么？又变成了什么？

　　（5）谁能说说刚才你看到的情景？

　　（6）刚才，小朋友们用一句话讲了云的变化，那怎么把云变化的过程说得更好呢？有一位女作家叫萧红，她在一篇很美的散文中描写了家乡的火烧云，下面我们来读读其中的一部分。

　　（出示《火烧云》片段）

　　（7）这个片段写得真有趣！写了什么？

　　提示：片段中用了"一会儿、忽然、接着"把云的变化连接起来。

　　（8）再读读，你觉得哪儿写得好？

　　（9）小结：萧红不仅写了马的变化，还写了自己的想法，把马写活了。我们一起读第一小节。

　　（10）我们再来看看第二、三小节，写云变成大狗、大狮子，又是怎样有趣的？

　　男女生分别读二、三小节。

（11）作家萧红是怎么把云写得这样生动、有趣的呢？读着这个片段，我们仿佛看到童年时的萧红，站在呼兰河边，怎样观察天上的火烧云。

（12）是呀，她美美地看着，乐乐地想着，那云就仿佛活了。

假如现在，老师带着你们来到草地上，我们仰着头望着蓝天，也像萧红那样，静静地看着云奇妙的变化，一边看，一边展开想象。

（播放音乐，出示云变化的图片。）

（13）学生交流。

生：天空中出现了一只白兔，它正在草地上玩耍。一会儿，白兔身后跑出了一头凶猛的老狼，狼张开大嘴向兔子扑去。

师：这时，兔子和狼发生了什么变化呢？谁来补充？

生：狼张大了嘴巴咬住兔子，兔子的尾巴不见了，身子越来越小，狼变得圆鼓鼓的，慢慢变成了一头大白猪。

师：两个人合作把云的变化过程说得清楚生动，好极了！还有谁想说？

…………

（14）小结：小朋友们模仿大作家萧红，边看边想，天空中的一幅幅连环画在你们的想象中都变活了！真是奇妙的云啊！

4.感受自由自在的云娃娃。

（1）诗人白冰还给云写了一首诗，大家看。

出示诗歌：

写给云

你想变小就变小，

你想变大就变大，

变小，小得像块手帕，

像朵洁白的小花；

变大，大得无边无际，

能盖住整个天下。

没有人在蓝天上，

为你把框框画。

你想变什么就变什么，
小鹿、大象、小鸟、青蛙……
即使变成猪八戒，
也没人笑话；
即使变成小狗熊，
也不担心挨骂。
没有人要你老老实实，
变成"聪明"的傻瓜。

你愿意做什么，
就去做什么，
你想成为雨就成为雨，
去亲吻小草小花；
你想成为雪就成为雪，
像白蝴蝶飞落千家万家，
然后，成为透明的水汽，
飞呀，飞回天上的老家，
没有人用好多"安排""计划"，
把你变成机器娃娃……

（2）小朋友一边听录音，一边跟着轻声读。

（3）你们听懂了吗？说说诗中写了什么。

（4）诗人真了不起，他一边观察，一边想，不仅看到了云的样子、变化，还想象自己飞上蓝天和云说话，说得特别有意思。你们喜欢吗？你喜欢他说的哪些话？

（5）刚才我们观察了云的形状和变化，又读了这首诗，对云有了更多的了解，大家更喜爱云了，你想不想也成为一朵云呢？我们一起给这首诗添个结尾。

（出示：啊，让我也变成一朵____云吧！）

生：啊，让我也变成一朵美丽的云吧！

生：啊，让我也变成一朵奇妙的云吧！

生：啊，让我也变成一朵千变万化的云吧！

生：啊，让我也变成一朵五彩的云吧！

生：啊，让我也变成一朵自由自在的云吧！

生：啊，让我也变成一朵无拘无束的云吧！

（6）小朋友们了解了云的不同特点，更加喜爱云了。

5.想象云朵上的王国。

（1）刚才，我们观察了各种各样的云，展开了想象，讲了云的变化，还读了儿童诗，学着诗人的样子和云说话，云是多么奇妙啊！

天上不仅有云，还有一个奇妙的云王国呢！除了小鸟，还有许许多多的事物在云王国里生活。当我们抬头仰望天上的云朵，会想：云朵王国里会有什么有趣的故事呢？

（2）有一位小朋友就编了故事，看！

出示故事开头：

云朵上的王国

小象感冒了，喷嚏一个接一个，鼻涕不断地从他的大鼻孔里流出来。

小猴帮小象擦鼻子，突然，只听到"阿嚏"一声巨响，一股强大的力量把小猴送上了天空。小猴越飞越高。

小猴飞呀飞，飞到一朵白云旁。他纵身一跃，轻轻地跳到了白云上。

"嘿嘿，我到天上了，我到天上了！"小猴开心地大叫。

……

（3）接着，小猴在白云上发生了什么故事，你能续编下去吗？

（4）学生编故事。

（5）小猴是被小象的喷嚏送上白云的。除了小猴，还有谁用什么办法来到白云上？还发生了什么有趣的故事？让我们大胆地想象。

生：小猴把白云当作蹦蹦床，它轻轻一跳，就跳得老高。小猴高兴地
　　喊："我成了跳高冠军啦！"它从这朵云上跳到那朵云上，边跳边翻
　　筋斗。

生：小猴玩累了，它躺在白云上，白云软绵绵的，就像席梦思一样舒服。小
　　猴睡着了，做了一个美梦……

师：小猴一人在云朵上玩多寂寞啊，除了小猴，还有谁用什么办法来到
　　白云上？

生：小兔也想到云朵上去，它坐在跷跷板的一头，请朋友们坐在另一头，
　　使劲往下一压，小兔就被抛上了天空。它抓住云朵向上一跃，跳到了
　　白云上。

生：小乌龟也想到云朵上。它就在自己的壳上系上一只巨大的氢气球，氢气
　　球慢慢地升空了，小乌龟也慢悠悠地飞到了白云上。

生：小熊在脚上绑了两个大大的鞭炮，它点燃鞭炮，只听"嘭——"的一声
　　巨响，小熊就飞到云朵上去了。

（6）前后四人讨论。推选一人讲故事。

6.总结全课，布置作业。

今天这堂课，我们学习了有关云的小散文、儿童诗，还做了一回小作
家，用自己的语言描述了云，编了云的童话故事。

课后，继续观察晚霞。

三 教学研讨

在这堂课上，孩子们心随云舞，言由心生，呈现出一种有情有境、有声
有色的可喜场景。

（一）云卷云舒一片天，丰盈想象之源

世上没有无源之水，没有无本之木。想象的丰富与否和学生的生活积累

密切相关。缺乏表象，想象就会缺少依托；表象模糊，想象也就难以丰满。在教学过程中，教者一方面引导学生回想生活中看到过的云，另一方面充分利用多媒体，呈现各种形状的云让学生观察，帮助学生积累各类云的表象，为多角度想象及多样化表达奠定基础。课开始，教者就出示许多云的图片让学生用词语进行描绘。在指导学生描述"蓝天上的连环画"时，教者又出示了一组姿态各异的云让学生观察并尝试表达，在此基础上，利用多媒体的优势展现云的变化过程，让学生练习着说几句话。在创设学生在草地上看云的情境时，教者又出示了一幅蓝天白云图。在整个教学过程中，教者多次展示云的图片，并根据想象表达的不同要求呈现不一样的图片，这些云的图片为学生展开想象提供了必要的条件，成了想象飞翔的起点。

（二）驾着云儿去追梦，伸展想象之翼

主题确立后，设计科学合理的学习过程非常重要。教师应该从主题所确定的事物的特性出发，从学习心理出发，按照生命的节律，创设连续的情境让学生沉浸其中观察、感受、想象、表达。本课一开始，教者让学生首先看甲骨文中云字的写法，让他们试着猜想，这样做不仅一下子激发了学生的学习兴趣，而且使这节课洋溢着浓浓的文化味。接下来，教者引导学生用词语描述眼前云的姿态，于是，这些词语连同云的形象一起储存进了学生的脑海。接着，教者指导学生描绘"蓝天上的连环画"，对学生的表达要求由易到难，从说云像什么、怎么样到说云的变化过程，循序渐进。然后，教者指导学生读《写给云》，并相机让学生说说自己想变成什么样的云。最后，教者出示了一个童话的开头，让学生想象故事情节，引爆学生的思维。整个学习过程中，学生的兴致越来越高涨，想象越来越丰富，表达越来越精彩。正是因为教者在设计教学过程时遵循了儿童生命的逻辑，满足了儿童学习和想象的内在需求，因而在课堂上，孩子们都乐陶陶地驾着云儿去追梦，于是，他们发现了一个个从未见过的"云的王国"的奇观。

（三）让云儿飘过心底，铺设想象之梯

在语文教学过程中，我们应该引导学生从语言材料中寻找让文字变得生动形象的"密码"，并尝试运用找寻到的方法练习表达。在学生描绘天边的云彩时，对于没有变化的云供学生进行描述，学生对于变化过程的描述则普遍存在困难。这一方面是因为学生的表达能力还不够强，另一方面则是因为学生对于云的想象尚不够细致。在学生的想象与表达受到阻碍时，教者适时出示了《火烧云》的片段引导学生阅读，让学生看看作者是怎么想象、表达的，并揭示出这段文字之所以生动的秘密所在。接着，教者出示图片，边放音乐边启发学生想象来到一片草地上，像萧红一样静静地看云的变化，再出示句式让学生练习表达。在教师引导下，学生冲破了想象的"塞点"，突破了表达的难点，他们的想象与表达相互促进，相互融合，从而呈现出不一样的语言风景。

总体来说，云朵悠悠，想象丰富，表达灵动是这堂课的特点。课上，教者带着学生静观云卷云舒，云朵从天边飞入了学生心间，教者带着孩子在天边"放牧"云彩，云朵变成了神奇的云朵、梦想的云朵和生命的云朵。

江苏省南通师范学校第二附属小学　唐颖颖；江苏情境教育研究所　施建平

引导儿童美美地想、乐乐地说

——以三年级想象性语言训练课《森林学校》为例

　　那是 2018 年 4 月中旬的一天，我接到李吉林老师的电话，让我到她办公室谈事情。

　　我立马来到江苏情境教育研究所。一落座，李老师就问："最近，有没有上过感觉比较好的课？"我不知其意，就如实汇报。那个学期研究想象性作文教学指导课比较多，我就逐一作了介绍。她对其中一堂课比较感兴趣，让我细说给她听。听罢，她说："这堂课的素材不错，可以改进。"然后告诉我，打算派我作为特邀对象，代表江苏情境教育研究所参加省里的比赛。

　　我一听，有点儿惶恐地说："我快 50 岁了，年龄上有点儿不合适吧？"她说："你还和我谈年龄？我都 80 岁了，还不照样研究教学、写文章？"我不再吱声，但倍感压力。她看出了我的心思，严肃地说："离赛课还有 20 多天，你要紧张起来，全力以赴。我们一起来备课！"随后，李老师跟我说了教学的大致思路，拟定了教学目标：创设情境，把观察与想象、阅读与说话充分结合，引导儿童个性表达，激发儿童爱学校、爱学习、爱他人的情感。师父娓娓道来，我惊异于她思维的睿智与敏捷。她叮嘱我趁热打铁，赶紧写教案，第二天就交给她看。

一 实践理念

（一）想象是儿童的心灵需要

想象是儿童的天性。儿童生活在一个充满现实情境与想象的童话世界里，他们的心理状态是物我一体、精神现实不分的。儿童沉浸在自己的世界里，想象就成了儿童的一种生活需要，是一种本真。在现实生活中不能实现的愿望与目标，儿童通过丰富又大胆的想象去实现，从而满足内心的需求，获得愉悦感。

尽管我们还不知晓儿童为什么天生会想象，但从想象的特质看，想象就是儿童的一种特别的游戏。因为儿童在游戏中是以自己的想象来构造和理解世界的。想象就成了游戏不可或缺的一个过程，也可以说想象就是一段游戏经历。我把想象理解为儿童最美的思维游戏。儿童的想象文化中最为重要的就是游戏精神，这种精神具有自由自主、自愿自觉、感受体验、超越现实、自我满足等特质，因此，也有人说：玩是儿童的天性。教育，要适应并相对满足儿童的天性，给儿童创造适合的教育。

儿童的大脑里积聚着不可计数的想象"种子"，等待着被唤醒，只要我们提供适宜的土壤、空气、水分，这些种子就能开出最美丽的思维花朵。

（二）美是想象的最高境界

儿童的天性是美的。每个儿童的内心深处都有一个属于自己真善美的世界，他们会根据自己的需要编织属于自己的乐园和梦想，这些想象中的世界会随着孩子年龄的增长而成长。因此，《义务教育语文课程标准（2022年版）》要求在语文教学中，培养学生"健康的审美意识和正确的审美观念"。李吉林老师自觉地用"美"去滋润孩子美的心灵，其间的审美情感、道德情感，成为儿童幼小的精神世界里闪耀光亮的甜美滋养。她说："回顾情境教育持续38年之久的历程，我追求的正是教育的美的境界，让他们成人，成才。我为'儿童的心语'题的字便是：'美美地想，乐乐地做，天天有进步。'我内心的追求也促使自己自然地用美的语言去表达心灵的情。"①

想象的基础是拥有表象，表象的获得除了儿童自主的观察、阅读等，还需要教师用心为儿童优选美的情境，带领儿童去欣赏"美的事物""美的人物"和"美的场景"，用美的语言给儿童描绘美的情境，用艺术手段给儿童展示美的情境。儿童在"美"的感召下，全身心地投入感受美、欣赏美、表现美、创造美的审美活动，享受美的愉悦。

"美"是迷人的。随着儿童审美能力的逐步提高、审美心理的逐步完善、审美经验的逐步丰富，他们的表达水平也逐步达到一个理想的境界。这时的表达，正如苏霍姆林斯基所说，"由美激发的灵感表现出更多的个人特征。孩子们在集体面前似乎羞于表现自己的感情。个人的创作开始了。每个人都以大自然为题创作自己的小故事和诗歌"。

（三）情境是语言表达的发源地

情境是对话的源泉。在《孟子·万章》中，万章问曰："敢问交际，何心也？"孟子曰："恭。"宋代理学家朱熹在《孟子注》中说："际，接也。"深受古代文论滋养的李吉林这样说："言语的发源地是具体的情境，在一定的情境中产生语言的动机，提供语言的材料，从而促进语言的发展。"儿童的想象不会凭空产生，需要创造契机引发，教学设计必须为儿童提供"需要的推动"，形成想象的欲望。我在教学设计时很注意这一点，只要教材有空间，便会根据教材特点，在设计中即时嵌入想象契机。其实，儿童常常是带着想象去阅读、去思维、去表达的。让儿童展开想象的翅膀，真是"正合他意"②。

刘勰的《文心雕龙》写道："寂然凝虑，思接千载；悄焉动容，视通万里；吟咏之间，吐纳珠玉之声；眉睫之前，卷舒风云之色；其思理之致乎。"情境能诱发想象，想象能拓展情境。在教学中，教师把学生带入情境的手段

---

① 李吉林：《美是情境教育的最高境界》，《中国教育报》，2016 年 3 月 30 日。
② 李吉林：《学习科学与儿童情境学习——快乐、高效课堂的教学设计》，《教育研究》，2013 年第 11 期。

是多样的，其中较为重要和有效的手段有两个：一是语言描绘。教师用富有感染性的语言为学生创设情感场景，使他们积极主动地融入角色，找到情感共鸣点，"情动而辞发"，让学生在言之有物、言之有序的基础上做到言之有情，表达真切的感受。二是角色扮演。创设特定的情境，带学生进入现实的或模拟的情境之中，学生会不知不觉地进入角色，最深切、最主动地经历角色的心理活动过程，于是，"我"与角色同一，角色的喜怒哀乐，仿佛是自己真情实感的表露。一系列的角色转化所产生的新异感能点燃学生情感的兴奋点，引发学生交流与倾吐情感的欲望，让他们在真切体验与自由交融中，情以物迁，情因境生，把"要我说"变成"我要说"，想象的潜能被激发与唤醒，想象的闸门被打开，儿童的想象性习作就变得自觉主动，具体形象，生动真切，情趣盎然。概言之，当儿童真正进入特定的情境，当儿童与角色融为一体，儿童的本真就毫无遮掩地显露出来，儿童的语言就会从心底喷发而出。

二 课堂实践

（一）创设情境，导入新课，说"好消息"

师：我们在语文课上学过不少写小动物的童话，这些课文你们还记得吗？

（课件出示课文插图，学生回忆。）

生：（齐）《猴子种果树》《小鹰学飞》《青蛙看海》《小动物过冬》《蜗牛的奖杯》《三袋麦子》……

师：这些童话都是作家通过展开丰富的想象创作出来的。故事发生的地点，有的在蓝蓝的天上，有的在高高的山峰，还有的在田野和果园。今天这堂课，我们也像童话作家那样大胆想象，好像真的来到那个地方，好像真的看到那些有趣的情景。现在，我们来上一堂想象性语言训练课，看哪些同学想得美，说得好！

师：现在，让我们的思维插上翅膀飞起来。我们飞到了一个遥远的地方，

在一片茂密的大森林里，看到了一所专门为小动物们建的新学校，就是——（课件出示：学校名称）

生：森林学校。

师：森林学校里有一位很有意思的校长。你们瞧，校长来了，谁呀？（课件出示：校长牛博士的卡通形象）

师：森林学校马上要招收新同学了。牛博士要把这个好消息告诉森林里的居民们。想一想，牛博士会怎么报告这个好消息？

生：森林学校建好了，马上要招生了，大家快来报名啊！

师：好消息，说得兴奋些！

生：好消息！好消息！森林学校环境优美，有很多好玩的设备。孩子们，赶快来森林学校上学吧！

师：你可以当森林学校的广告代言人了。你用简洁的语言把好消息说清楚了，真好！

（语言训练①：用简洁的话把好消息说清楚。）

（二）进入情境，转换角色，自我介绍

师：听到这个好消息，森林居民们都很高兴。很快，许多小动物都来报名了。看，哪些小动物来了？（课件出示：小动物卡通图）

生：（齐）小熊、小鹿、小猴子、小鸭子、小乌龟、小鸟……

师：假如你们就是一群森林里的小动物，你们这些小动物想上森林学校吗？

（生纷纷举手）

师：大家都举手了，非常好！你们都爱上学，都爱学习，真可爱！现在，你们就是森林学校的小动物新生了。谁来当牛博士呢？

生：老师，您来当！

师：谢谢同学们！我做老师的时候就想着要当校长，好让我更好地实现教育理想。现在，你们让我梦想成真了！我成了森林学校的校长！我就是你们的校长，一位很牛的校长。你们欢迎我吗？（生鼓掌）

师：同学们，你们好！

生：校长，您好！

师：欢迎你们成为森林学校的学生！

师：你们刚刚到森林学校，我们相互还不太了解，怎么办呢？

生：大家做自我介绍。

师：我先来向大家介绍一下自己。大家好！我是牛博士，博士嘛，当然是很有学问的。虽然平时我走路不快、说话不快，但是，我的大脑袋瓜儿转得还是蛮快的。有一点请大家放心，我虽然是牛博士，可没有牛脾气哟！我非常爱看书，我爱你们这群同学。（生鼓掌）

师：你们也像我一样来热情地介绍介绍自己吧。先说说你是来自哪个动物家族，然后可以说说喜欢什么，有什么本领……

生：我是小牛，和校长同姓。

师：本家啊，欢迎你！

生：我家就住在森林学校附近的一棵大树旁，我爱看书，我也很勤劳，能为家里的大人们做些事情。

师：你是个勤快的小牛。

生：我是小鸟，我住在森林里的一棵大树上。我不仅爱唱歌，还喜欢画画。平时，我最喜欢在森林上空飞翔。

师：你是只多才多艺的小鸟。很高兴认识你！

（语言训练②：热情、有条理地自我介绍。）

（三）观察校园，引导发现，描述学校

师：这样一介绍，相互之间一下子就熟悉了，我们就组成了一个团结友爱的班集体。刚入学校，我们觉得一切都很新鲜，你们对新学校充满了好奇。我先带你们看看校园吧。你们看，这就是我们的森林学校。（课件出示：森林学校图景）"近处……中间……远处……""草坪上……大树上……树丛间……"，我要看看哪些新同学最会观察、最会想象！

（生观察画面、想象）

师：你们在森林学校发现了什么？看见了什么？听见了什么？想了什么？

生：我看到了森林学校的校门是用一根根木头搭成的。

师：是的，与其他学校不一样。

生：我看到了小河上有座独木桥，我猜想这可能是让同学们走独木桥，练胆量的。

生：我看到了小河里有各种各样的游泳圈，可能是让大家学游泳的。

师：这些游泳圈都是小动物的造型，所以，你们看了就很熟悉，很亲切。

生：我看到了树上有个鸟窝。

师：除了眼前看到的，森林学校可能还会有什么？大胆地想象。

生：还有秋千。

生：还有上学的教室。

师：说得很好！你们能用这样的句式来说说吗？说说看到了怎样的什么？

（课件出示句式：走进森林学校，我看到了_____看到了_____还看到了_____）

生：走进森林学校，我看到了郁郁葱葱的大树，看到了五颜六色的小花，还看到了清清的小河。

师：有不一样的吗？

生：走进森林学校，我看到了草坪上的黑板，看到了大树上的鸟巢，还看到了不同形状的游泳圈。

师：你觉得森林学校怎么样？能用一个词语来概括吗？

生：优美、美丽、有趣、好玩、新奇、与众不同……

师：给你们提高点儿难度，把这个词语用到句子里，能围绕这个词语来说几句话吗？

生：森林学校真美啊！一条清澈的小河穿过学校，到处都是绿树鲜花，小鸟在枝头快乐地唱歌。

师：能围绕"奇特"这个词语来说吗？说出森林学校与其他学校不一样的地方。

生：森林学校真奇特啊！奇形怪状的木屋是我们的教室，木头做成的滑梯供我们玩耍，一个个不知道有多深的树洞，不知道里面藏着什么秘密。

师：你们学会了先用一句话总的赞美，再围绕这句话说几句话，学得真好！你们都有一双会发现美的眼睛。身边的环境这么美，我们都爱我们的校园，爱这美丽的环境。

（语言训练③：能围绕中心词用整齐的句式说几句话，描述自己的观察发现和想象。）

（四）结合实际，评价课程，说"好建议"

师：森林学校这么美，我们都爱上了自己的学校。到了学校，我们总得上课。我在想，怎么让你们学好功课。我打算给你们安排这样一张课程表，你们看看怎么样？这样的课程表你们满意吗？（课件出示：只有语文、数学的森林学校课程表）

生：都是语文、数学，太单调了。

生：每天都上这两门课，我们会厌烦，会失去兴趣的。

生：天天都是这样的课，我的脑子都要"炸"了。

师：除了这些，你们还希望森林学校开设什么课？你们可以提建议，最好把理由说清楚，可以用上"因为……"来说说。

生：我想上音乐课，因为我喜欢唱歌，唱歌给我带来了快乐。

生：我想上体育课，因为体育课上可以玩，体育活动可以锻炼身体。

生：我想上计算机课，因为计算机课上我能打字，能查资料。

生：我想上科学课，因为科学课上能学到许多知识，我长大了要当个科学家，搞创造发明。

师：你们这群小动物学生，还想有什么有特色的、有趣的课程？

生：游泳。

生：爬树。

生：打洞。（众大笑）

师：哈哈，这些都可以有。你们提的建议都非常好。是的，我们不仅要学好文化课，还要有健康的身体，有爱好、特长，做个全面发展的好学生。

（语言训练④：用"因为……"等句式来表达内心的想法。）

师：刚才，我们说了课程表。除了上课，你们还希望开展什么课外活动？想举行什么比赛？

生：运动会。

生：春游。

生：篮球比赛。

生：美食节。

师：提到比赛，人类有个《朗读者》节目很受欢迎，现在，我们也来做"朗读者"，开展一次古诗词诵读比赛，怎么样？我们先来背诵学过的古诗词。还记得吗？

（生背古诗词，有《锄禾》《忆江南》《敕勒歌》《望庐山瀑布》《绝句》等。）

师：给背得好的学生颁发特制的"森林学校小小朗读者"奖章。

师：同学们不仅学会了课本上的古诗，自己还能背很多古诗词，真好。古诗词是我们民族文化的宝贝，诵读古诗词，能让你们练好语言，说得更精彩。有一位作曲家知道我们同学都爱诵读古诗词，还将古诗词写成了歌曲。现在，让我们跟着音乐唱起来吧。

（课件播放谷建芬创作的《春晓》，生齐唱。）

（五）创编故事，情境表演，说"好事情"

师：我们就这样开开心心地在森林学校学习着、生活着。可是，你们有没有发现，小山羊同学已经三天没有来上学了，也不知道发生了什么事情，怎么才能迅速知道他不来上学的原因呢？

生：到他家里去。

生：打电话问。

师：现在，谁来做小山羊？谁来给小山羊打个电话，问问情况？我给你们森林通讯用的电话机。现在，我们接通电话。（课件播放电话铃声）

生：喂，小山羊，你好！你怎么好几天都没有来上学了。我们大家都很想你！

生（扮演小山羊者）：谢谢你！我爷爷把腿摔伤了，我在家里照顾爷爷呢。

生：你真是个孝顺的好孩子，我们会来看你的。

师：大家都听明白了吧？小山羊遇到了困难，我们该怎么关心他呢？这么多同学都有了主意，在前后左右的小组里讨论讨论。

生：我们带上新鲜的青草去看山羊公公。

生：我带三七伤药给山羊公公。

师：你懂的知识真多，知道摔伤了要用伤药。

生：我去给山羊公公按摩腿，捶捶背。

生：我给山羊公公唱支歌，给他解解闷。

生：小山羊几天没来，我们要给小山羊补课。

师：你们说的都很好，真会关心人，怎么将说的变成我们的行动呢？

生：我们去小山羊的家里。

师：现在我们要去看望了，谁想去？（生都举手）都想去？小山羊家地方不大，不能全班都去，我们就派几个代表去，来推选吧。小山羊先上来，谁来做山羊公公？谁当小熊、小鹿、小猴、小百灵鸟、小白兔？

[指名，戴头饰，扮演角色，情境表演：（1）进门先敲门，与小山羊和山羊公公打招呼。（2）小熊说：山羊公公，我们来看你了，你的腿不方便，我们给你带来了新鲜的青草。（3）小鹿倒水前问：山羊公公，你口渴了吧？我来给你倒杯水。（4）小猴：山羊公公，我来给你按摩腿。（5）同步：小白兔给小山羊补课。小百灵鸟给山羊公公唱一首歌。]

师：我们帮助了小山羊和山羊公公，就要离开小山羊的家了，怎么告别？

生：（小山羊搀扶着爷爷送客人）谢谢同学们！我马上就会去上学的。

生（山羊公公）：谢谢你们，我的腿很快就会好的！

（语言训练⑤：简单扼要地说在什么时候、什么地方、什么人、做了一件什么事。）

师：你们帮助小山羊的事情在校园里传开了。我把这件事告诉了《森林日报》的记者。（课件出示：报纸与记者画面）《森林日报》的记者很感动，要写一篇报道稿，在《森林日报》发表。第二天，我陪着记者来到班级采访你们。记者事先列了一个采访提纲。你们看看，怎么跟记者说呢？大家先准备准备，相互补充，再连起来说给记者听听。[课件出示：《森林日报》记者采访提纲：（1）听说了小山羊家里的事情后，你们心里是怎么想的？（2）你们是什么时候、在什么地方去帮助他的？（3）你们做了些什么？做好以后，有什么感受？（4）小山羊家里的情况现在怎么样了？]

生：听说了小山羊的事情后，我们心里很着急，为他们担心。放学以后，我们来到了小山羊的家里，给他们送去了青草，帮山羊公公按摩、捶背，帮小山羊补课。过了些日子，山羊公公的腿好了，小山羊回到了我们班集体，和我们一起上学了。

师：你们说清楚了在什么时候、什么地方、什么人，做了一件什么事，记者稍微整理一下，就是一篇报道稿了。你们说得好，做得更好，会帮助别人了！我要给你们点一个大大的赞！

（六）总结全课，布置作业，说"好祝愿"

师：这堂课我们走进了森林学校，你们不仅有一双会发现的眼睛，还有美好的心灵，你们真是爱学校、爱学习、爱他人的好孩子！在课堂上，你们想得丰富，说得清楚。（板书：想丰富　说清楚）学得真好！把掌声送给你们自己！（众鼓掌）

师：希望大家在今后的日子里，就这样健康快乐地成长！像自在、幸福的小鸟一样展翅飞翔在你们童年的蔚蓝天空中！

师：课后作业（选择其中的一条完成）：（1）习作课上将"我们一起帮助小山羊"这件事情写下来。（2）将在"森林学校"的所见所闻所感讲给别人听。下课！

（本课荣获江苏省第19届青年教师阅读教学大赛特等奖，并荣获"李吉林语文教学奖"。）

三 实践感悟

（一）创设整体情境，引领儿童渐入佳境

本课确立的教学目标之一是"创设情境，将儿童带入'森林学校'，引导儿童观察、想象美的事物与人物，激发儿童爱学校、爱学习、爱他人的情感"。

教学伊始就通过回顾之前学过的童话故事，激趣导入，明确指出本课的重点——"我们来上一堂想象性语言训练课，看哪些同学想得美，说得好！"而后，以充满诗情的语言和精美的课件，把学生带入"森林学校"，认识了森林学校的校长、老师以及小伙伴们；在校长的带领下，参观校园，充分观察、感受校园的美，不仅仅是自然的美，还有人际和谐的美。美好的事物唤起情感的萌发，自然而然地进入"森林学校"的课堂，引导学生言说喜欢的课与课外活动，以儿童喜闻乐见的"朗读者"活动，现场演示，吟诵古诗词，巧妙渗透、弘扬传统文化教育。

教者以"小山羊同学已经三天没有来上学了，也不知道发生了什么事情，怎么才能迅速知道他不来上学的原因呢"的疑问，把学生带入了故事情境，启发学生寻找原因，自发组织去看望遇到困难的同学，以美启情，以情伴想，充沛的情感激发了儿童内心的想象，丰富的想象带领着儿童走向审美创造。在角色扮演中，学生们想出了许多办法去助人，向《森林日报》记者讲述事情的来龙去脉。在这里，看上去虚拟的情境，其实与儿童的生活高度相似，是儿童生活情境的艺术再现。

本节课自始至终凭借情境进行教学，有学生自编自演情境短剧、师生对话情境、借助视频演示情境、自创对话情境，学生不由自主地融入，在情境中愿说、有话可说、乐说、会说。

概括来讲，正是"生活""情境""活动"恢复了学习与发展的本真，使学生在优化的情境中想象、表达、交往和创作，避免了大量枯燥乏味的字、词、句、篇机械释义、分析、讲授和训练，使学生从字、词、句的认知到整

体语文素养的达成，实现语言美与生活美的统一。学习语言不是"掌握"而是"生长"，是思维与精神的呈现。

（二）梯度语言训练，带领儿童循序渐进

本课确立的第二个教学目标是"启发学生运用自己平时积累的语言材料，表达自己的见闻、感受和想象，做到语句通顺，言之有序"。教学的指向性非常明确，其训练序列依次为：语言训练①：用简洁的话把好消息说清楚；语言训练②：热情、有条理地自我介绍；语言训练③：能围绕中心词用整齐的句式说几句话，描述自己的观察发现和想象；语言训练④：用"因为……"等句式来表达内心的想法；语言训练⑤：简单扼要地说在什么时候、什么地方、什么人、做了一件什么事。这几项训练分布于各个教学环节，呈现出这样几个特点：一是具有连贯性。若将学生在这5处的表达连起来，就是一则美丽的童话故事。二是具有渐进性。学生的观察、想象与表达，由浅入深，由易到难，由少到多。三是具有丰富性。表达涵盖了说消息、说自己、说原因、说故事等内容。

本课的语言训练遵循了这样一条规律，那就是让儿童充分感受形象，将观察感受的客体和相应的词语建立起联系，使得儿童产生视觉经验的词语化，他们的语言及思维也随之发展。学生的课堂表现从"能说"到"会说"，再到"说好"与"爱说"。

（三）情感始终伴随，表意抒情相得益彰

想象是人脑对已有表象进行加工改造而创造新形象的过程，其本质是创新。这就需要教师能摆脱思维惯性，走向更广、更远、更深的想象天地，让学生展开想象的翅膀；学生想象力的发展反过来又能增强他们表达美的愿望。

依据审美想象"新奇""有趣""合理"的特点，我特别重视情感的作用。因为情感是人对客观事物的态度的一种体验，人类的种种创造都伴随着一定的情感活动，并且以情感为动力源。课堂上创设优美的情境使学生在触动

内心情感的氛围中进入教学过程，学生在自己喜欢的、感兴趣的情境中结合人物与事物的特点展开想象，建构表达内容。情感能诱发、推动想象，组合一些表象，并注入到新形象中。让想象伴随情感活动，学生在展开想象的同时，情感进一步升华，进入更深层次的思考，从中悟出更深层次的美。到了不吐不快的时候，他们就会把这种美的形象和情感表达出来。当想象触及到儿童心灵时，想象就能化"虚"为"实"，它不再是一种虚拟、虚幻，甚至成为儿童生活"真实"的一部分，是一种生命状态与精神需要。所以，教师要把想象、情感、语言表达看作一个有机的整体，让儿童始终在情感的伴随下美美地想、乐乐地说、乐乐地写，从而使课堂教学过程成为师生共同的心灵之旅。

南通市实验小学　张洪涛

在绘本情境阅读中发展儿童的想象力
——以《小黑鱼》绘本阅读教学为例

一 实践理念

儿童时期是创造性想象发展的重要时期，也是培养创造性想象的黄金阶段。

绘本具有图文结合、直观形象的特点，是促进儿童想象力发展的良好载体。绘本《小黑鱼》作者李奥尼被称为"色彩的魔术大师"，它以符合儿童的笔触，塑造了精致有趣的画面，并与文字结合，带给儿童强烈的视觉冲击，可谓一场美不胜收的视觉飨宴。因此，在教学中，我试图利用绘本图画的形象直观性和可依托性，引导儿童仔细观察，大胆猜测，展开想象，儿童在观察中身临其境，理解故事内容，培养观察能力、理解能力、想象能力和表达能力，开启创造之旅。

儿童天真烂漫，活泼可爱，好奇好动，因此，在实践中将多种手段、多种方法相结合，综合运用音乐、图画等形式创设情境，让儿童在情境中玩，在情境中体验，将有助于儿童想象力的发展。利用角色扮演这一方式，让儿童实践体验；通过表演再现书中的情境，体会文中的情感，激发儿童智慧的火花。

二 课堂实践

(一) 谈话激趣，猜一猜

引导孩子们观察书的封面，从一片蔚蓝中，猜测这会是一个怎样的故事。

蔚蓝色的大海，一条小黑鱼，你想知道什么？

翻开书页，好听的故事开始了！（听老师读故事）

(二) 利用图画情境，体会小黑鱼的快乐

1. 利用图画情境出示故事背景。（听老师朗读第一小节）

2. 利用图片释疑：书上说小黑鱼"黑得就像淡菜壳"，你知道什么是淡菜壳吗？（出示图片）

3. 根据所看到的图片，想象小黑鱼的样子：现在你能说说小黑鱼长什么样子吗？

师总结：虽然这条小黑鱼和他的兄弟姐妹们长得不一样，但是他们在一起生活得非常开心，他们一起在海里游来游去，一起找食物，一起玩游戏。这样的生活可真自在、真快乐、真幸福啊！

(三) 情境中体验，体会小黑鱼的痛苦

然而，这么快乐的生活没多久就被破坏了。

1. 根据图片猜测：发生了什么事？请小朋友们翻到第2页，看看图。你看懂了什么？

2. 角色体验情感：如果你是小黑鱼，你所有的兄弟姐妹、亲朋好友都被凶恶的金枪鱼吃掉了，现在只剩下你一个人，你会有什么感觉？你会怎么做呢？

3. 观察图片，表达发现：仔细看看图，你发现了什么？

（四）情境中想象，体会海底奇迹

1. 观察图片表达：小黑鱼看到了什么？这么多的海洋生物，它们长什么样儿？你最喜欢谁？

2. 根据图片想象：除了书上写出来的这些，想一想，小黑鱼还会遇到谁呢？它们又长什么样儿呢？

3. 情境中体验情感：刚才，我们和小黑鱼一起经历了一次奇妙的海洋之旅，看到了各种各样的海洋生物。现在小黑鱼的心情怎样？

4. 活动情境中体验情感：神秘的海洋世界里，到处都是奇迹。小黑鱼心中充满惊喜和快乐！让我们跟着小黑鱼一起快乐地畅游吧！（课中操）

（五）情境中表演，体会共渡难关

海底世界真是太美妙、太神奇、太有趣了，小黑鱼眼睛都快看不过来了。他游啊游啊，嘿，这次他遇到谁了？（听老师继续读故事）

1. 想想办法：怎么办呢？我们一起帮小黑鱼想想办法吧！

2. 情境表演：小黑鱼想到什么办法了呢？

一起来看看，这些小家伙是怎么变成海里最大的鱼的！小黑鱼教他们各就各位，紧紧地游在了一起。

现在小朋友们就是小红鱼。请一个小朋友当小黑鱼。

每一条小红鱼都在自己的位置上，做好了准备。这就叫各就各位。

让我们紧紧地游在一起。

小黑鱼说："我来当眼睛。"

瞧，奇迹发生了！现在我们已经变成了一条好大的鱼。

金枪鱼来了，你们还怕他吗？大鲨鱼张着大嘴巴来了！

总结：现在小黑鱼和小红鱼团结在一起，变成了无所畏惧、强大无比的鱼。现在我们想游到哪儿，就游到哪儿；想什么时候出来，就什么时候出来。瞧，大鱼被我们吓跑了。让我们一起欢呼：大鱼被吓跑了！我们胜利了！

大鱼们被吓跑，靠的仅仅是小黑鱼一个人的力量吗？

（六）感悟道理，激发情感

情境中表达：小朋友们，你们喜欢小黑鱼吗？说说你的理由。

总结：多么聪明可爱的小黑鱼啊！孤独时不灰心，遇到困难时想办法，有快乐和大家分享……

（七）拓展延伸，推荐阅读

其实啊，不仅我们喜欢小黑鱼，生活中还有很多人也很喜欢他。所以人们就把这个故事制作成了动画片，好让更多的人欣赏。

今天我们一起阅读了《小黑鱼》这本有趣的绘本故事书，我们一起听听、读读、看看、猜猜、想想、演演，特别开心。

三 实践感悟

一年级以绘本为凭借，创设贴近儿童的情境，在绘本阅读教学中，不仅是给孩子们讲一个好听的故事，更是为了通过故事情境激发学生的想象力；不仅仅重视孩子语言表达能力的培养，更多地关注、引领孩子在倾听、欣赏中放飞想象，学会创造。

（一）抓住图画，激发创造欲望

绘本是一种将故事蕴藏于图画中的艺术。这些形式多样的图画是画家们精心制作，包含个人独特想法的艺术。这些美妙的图画激发了儿童阅读的无限热情。在本节绘本阅读课中，笔者注重引导孩子欣赏画面，利用图画内容的多元性和可想象性，鼓励孩子仔细观察绘本图画，并表达自己的发现，还利用绘本呈现的图画，启发孩子猜测、想象和感受作者没有写出来的故事，从而深化对绘本故事的感悟。

（二）把握细节，激发创造情感

绘本里包含着很多细节，这些经意或不经意留下的细节都和故事要旨一脉相连，通过这些细节，联系上下文，可以想象、猜测故事的发展。如果不重视这些细节，整个绘本故事就会单薄许多。因此，在带领儿童阅读完绘本故事后，老师可以带领他们根据前后内容，体会品味细节，通过细节引导孩子想象说话，以期待心灵的豁然开朗。

情感是想象发展的不竭动力。绘本的表面是形象，背后是情感。儿童在阅读小黑鱼的遭遇过程时，也体验着小黑鱼的情感。当儿童开始表达时，创造性思维就开始启动。笔者用儿童的眼光去欣赏他们的每一次体验，欣赏他们的点滴创造成果，创设情境与同伴分享、交流。儿童跟着聪明可爱的小黑鱼不知不觉地学会了孤独时不要灰心，遇到困难时要想办法，有快乐要和大家分享……

（三）感悟生活，拓展创造空间

绘本中包含着广博的知识、细腻的情感和深奥的道理，涵盖了阅读者生活的各个方面。知识和经验的积累，是孩子创造力发展的基础。在本节课中，笔者将绘本故事和儿童生活联系起来，结合实际让孩子们去体验小黑鱼的感受，利用生活中积累的知识让他们去想象海底世界的奇妙。绘本教学中可以引导和鼓励孩子联系生活去感知客观世界。借助实物、图画、音乐、角色扮演等手段创设情境，引导儿童在情境中想象，从而拓宽孩子的眼界，丰富知识储存，累积生活经验，继而丰富表象，为孩子的想象提供感性材料。

绘本阅读的探索，为启发儿童想象力，促进他们创造力的发展，提供了无数种可能。

江苏省南通市崇川小学同和校区　葛娟；上海市虹口区第一外国语小学　王玉娟

诗歌情境创设与儿童创造性表达能力养成

——以《春光染绿我们双脚》儿童诗教学为例

一 实践理念

把一片贫瘠荒凉的山岭变成枝繁叶茂的绿峰，这是多么神奇的改变！这就是诗歌《春光染绿我们双脚》描述的情境。这首诗语言清新明快，字里行间表达着一群活泼可爱的孩子对绿色的期待和向往，更赞美了他们用自己的辛勤劳动改变自然的决心和毅力，那可爱灵动的形象跃然纸上。

诗歌的节奏明快，层次清晰。首尾呼应的结构让整首诗更显紧凑。课文的2—7小节，分别从下面三个方面对植树造林的益处进行了叙述：（1）荒山披上了绿装；（2）动物有了新家；（3）河水变得清澈。曾经的荒山野岭是那样荒凉贫瘠，没有绿茵茵的树木，没有小鸟啾啾的鸣叫，更没有松树高大挺拔的身影，处处荒凉，时时飞沙。而现在，呈现在我们眼前的是一片绿色的世界，拔地而起的是一片绿洲。树木枝繁叶茂，郁郁葱葱，枝丫上的每一片绿叶都在向人们展示着蓬勃的朝气和生机。茂密的树丛中，鸟儿正忙着垒窝筑巢，松鼠快乐地建造美丽的家园，小猴正在树枝上荡来荡去，这一切的改变都源于少先队员的播绿行动！

诗歌教学的目的不仅要让学生体会诗歌语言的简练和美感，更要在课堂上发展学生思维，让学生创造性地表达，用诗一般的语言说出自己的内心感受。因此，笔者在教学设计时，在创设情境的基础上，让孩子创造性地表达了自己的想象和感悟，大家畅所欲言，促进了创造性表达能力的养成。学生们在"美"的情境中，在体会的基础上通过模仿、感受和创造，获得"小诗人"的成功体验。

二 课堂实践

（一）激趣导入

1.同学们，这几天，气温渐渐升高了，草抽芽，花盛开，大家喜爱的春天正迈着轻盈的步伐走来了，说到春天，我们可以用哪几个词语来概括呢？

（春色满院、桃红柳绿、姹紫嫣红、春意盎然……）

2.阳光明媚的春天，人们总是希望能够出去走一走、看一看。如果有机会让同学们出去春游踏青，谁来说说，你准备选择哪里郊游或露营？（学生各抒己见、畅所欲言）大家都被名山大川的美丽风光深深吸引。今天，让我们一起和一群少先队员去植树，学习一首诗歌《春光染绿我们双脚》。齐读课题。

3.看到题目，你会想到什么呢？

（二）初读课文

1.这是一首诗歌，读诗歌的要求是什么？

（请同学们借助拼音把诗歌读正确，还要读出诗歌的节奏感来。）

2.自由读，教师巡视。

3.学生依次读教师出示的词语，教师注意帮助有困难的学生。

（歌谣、绿袍、裸露、煎熬、寂寞、松鼠、叽叽、支撑、镢镐）

4.学生开火车读词语，要求学生注意读准字音。

5.同学们分小节朗读课文给同桌听。同桌朗读的时候，我们要注意静静地听，并且把需要改进的地方做上记号。

6. 学生点评。

7. 总结：大家朗读得都很认真，我们要想把生字新词读准可以用一些新办法：如将生字和拼音组合在一起看，希望同学们的朗读能够比刚才有所提高。

8. 同学们觉得这一遍的朗读有进步吗？请同学们自己尝试着选择一个自然段，向大家展示你的朗读。

（三）初步学习第 1、第 8 自然段

1. 同学们，让我们一起来读读诗歌的第 1 自然段和第 8 自然段，认真聆听同学的朗读，说说自己听后的感受。

（诗歌的第 1 和第 8 自然段结构相似，前后呼应，有点题的作用。）

2. 同学们还记得以前学过的一篇课文《打开大自然绿色的课本》吗？让我们回忆一下，读读、想想这两篇课文有什么不同之处？

3. 请同学们比较一下：

原来这里是——"荒山野岭"，现在这里是——"青山碧岭"，大家动脑筋想一想，说说老师应该分别用什么颜色的粉笔来书写这两个词呢？

4. 同学们，请边读边想，当你看到"荒山野岭"这个词，你的眼前会浮现出一幅怎样的画面呢？

5. 那"青山碧岭"呢？

6. 同学们，我们打开课本，一起来看看诗人给我们描绘了一幅怎样的画面吧！

（四）学习第 3—7 自然段

1. 自由读。告诉大家，我们都看到了什么，听到了什么？

2. 同学们，读着读着，诗歌中的哪些场景给你留下了深刻的印象？

3. 创设情境，品味语言。

师：同学们，你们瞧（出示图片），少先队员们在荒山野岭上种下了绿色的希望，让千年裸露的山岩结束了烈日的煎熬。看，贫瘠荒凉的山

峰，如今已变成枝繁叶茂的绿岭！小动物们都竞相到这儿来安居乐业！同学们，你们想不想也成为其中的一员，一起来到这焕然一新的家园看看呢！

生：想！

师：好！现在我们就一起来到这绿树成荫、鲜花遍地的树林中，谁来说说我们的家园是什么样的？（出示森林图画）

生：**我们看到了自己的家园里有高大茂密、青翠欲滴的树木，有哗哗流淌的小溪，还有竞相开放、五彩缤纷的小野花。**

师：说得真好，同学们，我们的家园里有翠绿的杨柳，碧青的梧桐，更有那挺拔的苍松翠柏。那枝繁叶茂、郁郁葱葱、姿态万千的树冠形成了巨大的绿阴，给我们小动物创建了一个多么温馨而充满生机的家园。现在，小动物欢聚一堂，来接受我的采访，怎么样？有哪些小动物接受了采访呢？请同学们自由地读一读诗歌的第5和第6小节！

生：小鸟、松鼠、小兔、猴子。

师：我们来到茂密的森林里，现在我们请四个小队的同学分别扮演小鸟、松鼠、小兔和猴子，接受我的采访，你们可要做好准备噢！听好我这个记者的问题哦！

第一排：小鸟，你怎么会选择到这里来搭窝筑巢的呢？

第二排：小松鼠，你为什么快活得叽叽直叫？

第三排：小兔，你为什么不再害怕天上的老雕呢？

第四排：小猴子，你为什么开心得又蹦又跳？

（学生竞答）

第一排：原来这里荒芜一片，没有搭窝筑巢的地方，现在这里长满了绿树，我的兄弟姐妹们都来了！

第二排：我在这里找到了松果和松子，香喷喷的，大树的树洞就是我的家，棒极了！

第三排：现在，我的头顶上有一片绿色的巨云，我躲在树阴下，天上的老雕看不见我喽！

第四排：以前，我只能在光秃秃的山岩上爬来爬去，冷冷清清的。而现在，我能在树干上爬上爬下，还能和我的小伙伴们在树上树下尽情地奔跑、追逐、嬉戏，开心着呢！

师：你们的回答太精彩了！我听明白了，那枝繁叶茂的绿色世界成了我们赖以栖居的美丽家园。（板书：美丽家园）

（五）体会情境，创新表达

师：其实，在这里栖居的小动物还有很多（播放小动物们在树林里玩耍的视频），你看到了哪些动物伙伴？

生：有上下翻飞的蝴蝶，有歌声婉转动听的百灵、喜鹊，还有性格温顺的山羊。

师：他们都喜爱我们美丽的家园，他们会怎么夸夸这茂密的森林家园呢？

你能像书上那样用这样的句式说说吗？

小鱼（　　　　），（　　　　　）；

山羊（　　　　），（　　　　　）；

蝴蝶（　　　　），（　　　　　）；

百灵（　　　　），（　　　　）。

（生讨论汇报）

生：小鱼（抖动尾巴），（在清澈的小河里畅快游泳）。

生：山羊（有了青翠的嫩草），（快活得咩咩直叫）。

生：蝴蝶（上下翻飞），（在姹紫嫣红的花丛里翩翩起舞）。

生：百灵（亮开歌喉），（在枝杈上尽情歌颂美好的生活）。

师：同学们很会组织语言表达心中的想法，把你们说的句子连起来，就是一首清新活泼的小诗，我们也成了像作者那样的诗人呢！多棒啊，我们一起把这首自己创作的小诗朗读一遍，好吗？

（师生齐读）

小鱼抖动尾巴，

在清澈的小河里畅快游泳；

山羊有了青翠的嫩草，

快活得咩咩直叫；

蝴蝶上下翻飞，

在姹紫嫣红的花丛里翩翩起舞；

百灵亮开歌喉，

在枝杈上尽情歌颂美好的生活。

师：同学们，植树造林给了动物们安居乐业的家园，我们在这幸福的家园里自由自在、无忧无虑地生活着，真幸福啊！

（六）学习第2自然段

1.同学们，当我们看到这荒凉的山坡慢慢地、慢慢地从"荒山野岭"转变成"青山碧岭"，是谁的功劳？一起读第2自然段。

2.锹、镐的声音是多么单调，可是为什么是"歌谣"？

3.齐读。

（七）再次学习首尾自然段

（1）"我们"因为什么而快乐？

（2）美丽的春光喜欢植树造林的我们，我们用自己的行动让春光更加美丽！

（八）朗读全诗

（1）齐读。

（2）尝试背诵。

（九）补充诗歌

《我拉着树的手》（金波）。

三 实践感悟

在教学这首诗的进程中，最让孩子们精神抖擞、情思勃发的部分就是学习诗歌的 5、6 小节。课后反思其原因，应该是这两小节教学在创设情境的基础上，让孩子们进行角色扮演，接受了记者采访。我们可以对创设情境和直接学习文本进行对比。创设情境给课堂教学注入了生机和活力，我们带领学生在想象中来到茂密的森林，让他们扮演森林中可爱的小鸟、挺拔的松树、活泼的小兔、可爱的小猴，学生们产生了身临其境之感：好像来到这里，看到了从贫瘠的山岭到绿叶成阴的巨大改变，并产生共鸣，这样独特的情绪体验是"情动而辞发"创造性表达的基础。

语文的工具性是学习语言，语文的人文性包括创造性表达，而创造性表达需要有情感的铺垫，表达的最高境界是情感和语言共同酿造的"水到渠成"。学生在优化的情境中，由感情生发出语词，对课文的中心产生更深刻的理解，还能将自己的观察体悟用自己的语言表达出来，应当是语文教学的最高境界了。于是，学生在角色扮演后，欣赏了一段动物自由自在、惬意生活的画面，在情境中感受到了情感，所以在自我创新表达诗句的时候就有了情感依托，说出了诗一般的语句，汇成了一首灵动的小诗，在赞美美丽家园的同时，增强了自己表达的自信心。

《义务教育语文课程标准（2022 年版）》提倡中年级学生"能不拘形式地写下自己的见闻、感受和想象，注意把自己觉得新奇有趣或印象最深、最受感动的内容写清楚"。在培养学生创造性语言表达能力时，创设情境是一条高效的途径，应当在教学中继续尝试，让学生在情境中品味语言，在情境中创造性地表达，增强表达的信心和能力，体会创新的生机和乐趣！

江苏省南通师范学校第二附属小学　王珏

情境课堂是儿童创造力成长的摇篮

——以《四季的脚步》儿童诗教学为例

一 实践理念

语文课堂教学中教师应创造更多的语言实践机会，给予孩子更多的时间、空间，激发学生积极自主地参与到语文实践活动中来，从而激活想象力，发展他们的创造性思维，而依托现有教材内容，拓展仿写训练是语文课堂教学中实现激发学生想象力和创造潜能的有效的重要载体之一。

《四季的脚步》是一首儿童诗，其特点是想象丰富，意境优美，富有儿童情趣。诗歌以拟人化的手法，抓住四季不同景物的特点，生动描绘了迷人而富有生机的四季美景。本节课教学对象是五年级学生，在学习前，他们已经通过四年的语文学习，从课本、课外读物中积累了一定量的儿童诗，对于儿童诗中常用的比喻、拟人、对比、摹声、夸张等手法也有初步认知。同时，五年级学生具备一定的自主学习能力，他们的创造性想象目的性更明显，能够按照想象主题在语词水平上展开创造性想象。

想象是在原有经验的基础上创造新形象的思维活动，因此，我首先立足儿童的学习经验，选择从学生熟悉的歌曲和画面入手，由学生诵读过的儿童诗引出话题，自然切入学生生活，让学生自由选择感兴趣的内容，自主表达，从而激发学生学习探究的兴趣。

情境是激发学生思维的最佳平台，教学中需遵循儿童年龄心理特点，处理好师生、生生间的关系，创设自由、温馨、和谐和生动的学习情境，让每一个学生都积极主动、创造性地参与到学习之中，使阅读教学过程变成有利于学生拓展想象、和谐发展的过程。

自主、合作和探究的学习方式可以极大地激发学生的创作热情，教学设计中更多地体现以学定教的思想。练读时，学生可以选择自己喜欢的季节、喜欢的形式；创作时，可以选择自己喜欢的季节去尝试，可以有多种学习单供选择，还可以自由组合，选择自己喜欢的形式，如个体独立、同桌之间、群体小组等，在自主探究与合作互动中动眼、动口、动脑和动手，经历从"诵读"到"赏析"，从"模仿"到"创造"的过程。

鉴于以上思考，我设计了如下教学目标：

1. 欣赏儿童诗，有感情地朗读诗歌《四季的脚步》，体会诗歌优美的意境，感受作者遣词造句的准确和生动，激发学生进行儿童诗创作的兴趣。

2. 创设情境，培养学生的想象力，尝试运用拟人、比喻和摹声等手法体现四季的不同特点。

3. 能够对同伴创作的儿童诗作出初步评判。

4. 积累描写四季的成语、诗词和美文。

二 课堂实践

课前预习单：

1. 诵读《练习六》"语文与生活"中的诗歌，注意节奏和停顿。

2. 收集描写春夏秋冬的成语、诗词、美文等。

教学过程：

（一）链接生活情境，走进四季

1. 情境创设。

师：同学们，让我们一起听一首歌，《四季童趣》这首歌熟悉吗？会唱的跟着一起唱。

（学生跟唱）

2. 谈话激趣。

师：喜欢这首歌吗？听着歌曲，你的眼前浮现出哪些画面？春夏秋冬风光旖旎，富有生趣，四个季节你更喜欢哪一个季节？为什么？

> 设计意图：兴趣是最好的老师，它能让孩子产生自主学习的内驱力。本课伊始，播放歌曲，链接学生回忆，让学生在熟悉的歌声中，回顾四季的美景以及给自己带来的乐趣，在描述与回顾过程中积累提升，训练学生概括与表达的能力。再辅以教师富有激情的语言渲染，创设诗的意境，情趣相融，给整堂课奠定情感基调，激发学生对课堂学习的期待。

3. 经验导学。

（1）认识儿童诗的特点。

师：关于儿童诗，大家并不陌生，我们学过好多首儿童诗，这首你熟悉吗？《大海睡了》，你觉得这首诗哪儿写得特别有趣？再来读读《雨点》这首诗，它哪儿最吸引你？这就是想象的魅力，在儿童诗里，春花秋叶都有了生命。丰富的想象是儿童诗的最大特点。

（2）想象力大考验。

①由"圆"你想到了什么。

（太阳、气球、轮胎、鸡蛋、盘子等）相机提示：想象圆的色彩、动态、变化等。能把它说成一句话，一个画面，一个故事，那更了不起了。

②自主选择其中一个来说说它们可以联想成什么。

白板出示：燕子、牵牛花、枫叶等。

把自己的想象说给小组里的同学听一听，互相评一评，看谁想得妙。

学生以小组交流，推荐一名学生在全班汇报。

师小结：想象要合理，要抓住事物的特点来想象。同学们的每一次想象都是一句富有童趣的儿童诗。今天老师也带来一首描写四季的儿童诗，诗人又是怎样展开想象的呢？先请大家用自己喜欢的方式读一读，你可以一个人读，也可以同桌一起读，还可以小组分工读，一会儿来展示一下你们的朗读吧。

设计意图："由'圆'你想到了什么"，这是一个发散性问题，让学生在小组交流，给学生自由表达的空间，激发学生的表达欲望，调动学生的思维。

（二）初读感知情境，触摸四季

1. 出示诗歌，用喜欢的方式读一读诗歌。

2. 小组展示朗读，相机指名学生评价，正音、提示停顿。

3. 朗读自己最喜欢的小节，说说你为什么喜欢这个小节。

（三）再读探究情境，感悟四季

1. 感悟交流。

作者是怎样展开想象的呢？

根据学生回答，小结提示：诗人抓住了四季景物的特点，把四季想象成人，这就有了人的灵性、人的情感。为了让想象更生动，作者还用上比喻、拟人等修辞手法和拟声词，把四季描绘得淋漓尽致、惟妙惟肖、有声有色，充满了生机。

2. 再读体会。

（1）读着这首诗，是不是感觉特别朗朗上口？读一读韵脚，体会诗歌的节奏美。你还想到哪些韵母"ɑo"的字？

（2）引导学生归纳这首诗的格式。

设计意图：学习语文，不仅要关注文本内容——"写什么"，更要关注文本表达的形式——"怎样写"。以上环节让学生通过朗读感悟，深化对诗歌的感性认识，在此基础上让学生在朗读中发现诗歌的结构特点以及诗歌语言表达上的特色，品味诗歌的节奏和韵律，这样"得意"亦"得言"，为后面的仿写、创写打下基础。

3. 尝试拟题。

师：从大家的交流中，我感受到了四季的勃勃生机，更感受到了大家对四季的喜爱。再回过头来，读一读这首诗歌，总感觉好像少点什么，少什么呢？你发现了吗？

（小组讨论，尝试给诗歌拟题。交流拟题的理由。题目有四季歌、缤纷四季、四季的脚步、四季交响曲，等等。）

师：真好，大家取的题目都很有诗意，还抓住了四季的特点。想知道作者给诗歌取的题目吗？（点击出示题目——四季的脚步）其实，老师觉得大家的题目也很有诗意。有没有作诗的冲动？今天，也让我们轻轻叩响诗歌的艺术大门，做一次小诗人，描绘一下自己心中的四季。

设计意图：良好的学习情境有利于学生创造性思维的培养和训练。"给诗歌拟题"这一环节，教师给学生自由思维、大胆表达的空间，充分调动了学生的思维积极性。在此过程中，教师更多的是鼓励、引导、肯定，珍惜学生迸发出的创造性思维的每一点火花，学生在一次又一次的对比、评判中反刍诗歌，推敲拟题的确切性和生动性，以期在自主创作时更灵活、更生动。正是教师营造的民主平等的学习氛围，保护了学生的个性，让他们敢说、敢问、敢做，激发了学生的创造动机。

（四）拓展想象情境，描绘四季

1.自主仿写，互助共享。

学习单一：

▲ 选择你喜欢的季节，读一读，你好像听到了什么？看到了什么？

▲ 听听这是什么声音，它让你联想到了怎样的画面？

▲ 也许，你还会听到什么，看到什么？先写一写，再和小组的同学分享。

（1）组织交流"学习单一"第一题，相机划出拟声词。

（2）听听课件里的声音（蜜蜂、布谷、青蛙、雷雨的声音），交流说话。相机出示拟声词（如沙沙、呱呱、轰隆、滴答、哗哗），自由读。

（3）交流"学习单一"第二题，互相评价、补充。教师提示学生，把大家的仿写，按季节串联起来，就是一首诗歌。

学生例作：

（春天）的脚步悄悄

悄悄地，她笑着走来——

（春雨）唱起了歌儿

——（滴答），（滴答），

（雨滴在小溪里欢笑）。

（夏天）的脚步悄悄，

悄悄地，她笑着走来——

（青蛙）唱起了歌儿

——（呱呱），（呱呱）

（露珠在荷叶上蹦跳）。

（秋天）的脚步悄悄

悄悄地，她笑着走来——

（秋风）唱起了歌儿

——（刷刷），（刷刷），

（稻穗害羞地弯下了腰）。

（冬天）的脚步悄悄

悄悄地，她笑着走来——

（雪花）唱起了歌儿

——（沙沙），（沙沙），

（小动物们在美美地睡觉）。

过渡：同学们的联想很丰富，春花秋叶都似乎有了生命。有位名人曾经说过：每个孩子天生就是诗人，看来这话一点儿不假。刚刚只是一次热身运动，下面才是展示我们智慧和灵感的天地。我们来一次原创诗歌朗诵会如何？

设计意图：学习语文的最终落脚点在运用。对于五年级的孩子来说，读懂这首儿童诗并非难事，落实运用的过程才是重点。"学习单一"是第一次仿写训练，是依托诗歌中的句式进行填空式的仿写。这种仿写，难度不大，重在启发学生的想象，发现四季特点，生动描述四季的代表性事物，在创造的过程中收获象声词的运用，收获成功的快乐，点燃学生的学习热情，释放学生的思维，这样，后面的创写，学生会更有兴致，更有自信。

学习单二：

▲ 你可以自己创作，也可以和小组里的同学一起创作，可以仿照书上的诗歌格式创作，也可以在空白处重新构思创作。写好后，用自己喜欢的方式读一读。

（1）自主仿写，做一回小诗人。

（2）和小组里的同伴分享诗作，以小组为单位，推荐朗诵。

学生例作：

脚步悄悄

春天的脚步悄悄，

她携着微风走来，

柳枝在水边轻盈地摇曳，

鸟儿在枝头顽皮地嬉闹。

夏天的脚步悄悄，

她踏着雷声走来，

荷花在莲叶间静静地吐香，

流萤在夜色中快乐地舞蹈。

秋天的脚步悄悄，

她披着落叶走来，

稻穗在田野里轻轻地点头，

大雁在天空中高声地鸣叫。

冬天的脚步悄悄，

她迎着瑞雪走来，

翠竹在寒风中高高地挺立，

腊梅在飞雪中尽情地欢笑。

设计意图：得意、得言，更要得法。"学习单二"是第二次仿写训练，目的是在仿写的基础上创作，这也是"语言文字运用"的最终目标。从第一次"根据诗歌内容想象填写"到第二次"不加限制地自由创作"，这个过程由易到难，循序渐进，遵循了学生学习的规律，为学生的自主表达提供了广阔的空间，减少了学生写作时的思维束缚，让学生的思维可以自由地、富有个性地发展，真正体现了《义务教育语文课程标准（2022 年版）》所鼓励的"自由表达和有创意的表达"。同时在第二次训练中采取小组交流的方式，是为了让更多学生可以有展示机会，以期互相学习，有所收获。

2. 拓展诵读，丰富积累。

这次大家可真的过了一把诗人瘾。多姿多彩的大自然给了我们许多灵感，自古以来，四季美景一直是诗人笔下一道亮丽的风景，古代很多文人墨客对四季也是情有独钟，你知道哪些描写四季景色的诗词？指名背诵古诗词。

3. 小结全课，布置作业。

看来大家还意犹未尽，不过下课铃声已经响了，这节课我们一同领略了多姿多彩的四季风光，品味了四季带给我们的诗情画意，更做了一回妙笔生花的小诗人。课后，同学们可以在作业超市中选择自己感兴趣的内容完成。

（五）作业超市

1. 搜集描写四季的成语、片段、诗文，摘抄好词佳句。

2. 继续完成自己的小诗，有兴趣的同学也可以写一篇描写四季美景的文章，尝试运用积累的好词好句以及比喻、拟人等表达形式。

设计意图：在自主创作的基础上，再次欣赏名家名作，同时给予课后作业的补充，进一步拓展学生思维，也更有利于阅读和写作过程的深化，完成了整堂课的情感升华，在潜移默化中丰富了学生的语言积累，让学生再次领略语言文字的魅力。

三 实践感悟

《义务教育语文课程标准（2022年版）》明确提出要"支持学生开展自主、合作、探究性学习，为学生的个性化、创造性学习提供条件"。教师以学生的心理特点为基点，巧妙选择教材的思维训练支点，创设丰富、生动和开阔的学习情境，有效增强学生的创造意识，提升其实践水平。

（一）链接生活情境，激发创作动机

知识的获得依托一定的情境，儿童学习新知识需要自己已有的知识经验作为支撑[①]。教学中教师结合学生已有的知识经验，通过多媒体课件展示四季美景，引入儿童诗的教学。当绚烂多彩的画面出现在学生面前时，学生已有的生活积累立刻被唤醒，使学生想说、乐说，这时候再来交流看到了什么，听到了什么，想到了什么就水到渠成，所有的画面都有声有色地展现在精彩的自主表达之中。在此基础上，再引入"想象力大比拼"游戏活动，通过不同的图画，拓展生活情境；引入"听声音想画面"活动，让学生再次链接生活情境，丰富自己的创造性表达，多角度地激发学生的思维，让学生一直处于主动思考、积极表达、创新表达的状态。

（二）营造和谐情境，促进自主建构

建构主义理论认为，学生通过切身体验和合作、对话等学习方式，来完成知识意义的建构，它强调的是一种启发探究式教学。《义务教育语文课程标准（2022年版）》也强调学生阅读的独立和自主，在阅读过程中自主生成对文本意义的认识。

在教学中教师特别关注学生的主体地位，在课始交流环节，让学生自由选择喜欢的季节，聊聊自己喜欢的原因，喜欢的画面，用自己的语言来表达内心真实的感受。诗歌呈现时是没有题目的，教师抓住这个渗透点，让学生自主拟题，再阐述自己的理由，极大地打开了学生的思维空间，学生的答案可谓精彩纷呈，四季歌、缤纷四季、四季的脚步、四季交响曲、四季畅想等，让人耳目一新。

教师引导学生通过探究，发现了儿童诗的几大特点：丰富的想象，整齐的句式，朗朗上口的节奏，拟人化的手法等。整个教学过程，教师始终是引路人，时刻给予提示、鼓励，学生才是思维的主体。这样的课堂是师生零距

---

① 李吉林：《学习科学与儿童情境学习——快乐、高效课堂的教学设计》，《教育研究》，2013年第11期。

离、共学习的课堂，是儿童主体精神生长和创造性思维发展的摇篮。

（三）拓展想象情境，张扬创造个性

想象和创造紧密联系，想象是创造的源泉。语文课标鼓励学生对阅读内容作出与众不同的、个性化的反应，这种个性的反应常常表现为"突发奇想"。本节课上模仿仅仅是开始，最终目标是引领学生从想象走向创造，用自己的文字写出具有自己特色的文章来。所以在教学中教师设计了几个梯度的训练：一是欣赏课件，调动学生生活积累，激发学生的创作欲望；二是感悟文本，体会四季美景，用自己的语言来表达自己的感受；三是聆听声音，尝试文本中特殊句式的表达；四是尝试续写，把自己的想象融于笔尖；五是自主选择，拓展创作空间，两次学习单的设计让学生经历思维提升的过程，从简单的句式模仿到自主的篇章创作，从声音的联想到四季画面的整体构思，整个过程精心设计问题，充分挖掘教材中所蕴含的创造因子，层层展开，引导学生的发散思维，激活学生的思维能力。

江苏省如东县洋口镇新林小学　赵娟

III

情的
交融

情境教学以促进儿童认知与情感的和谐发展为特质，克服了传统教学唯理性、唯认知的偏差。在儿童教育家李吉林看来，"情"是情境教育的命脉，她把"以情为纽带"作为情境课程的重要操作要义之一。李吉林指出："优化的情境必然会激发儿童的学习热情，使其产生一种投入学习活动的主观需求。于是儿童感受到学习活动带给他们的快乐与满足，并在其间受到熏陶感染。同时，因为情感的作用，教师的真情、期待、激励，使儿童变得自信，使儿童的思维、想象、记忆等系列活动处于最佳状态，使儿童的学习活动获得意想不到的效果。"

"情的交融"板块包含课题实验中形成的6个课例。以营造意境为特色的宋词，是中国古代文学宝库中的瑰宝，丁寿平老师执教的《清平乐·村居》课例，引导学生学习从意蕴丰富的情境中提取关键要素，促进意义建构、深化语言理解，进而学会语言表达，发展儿童的语言创造力。曹雪晶老师所开发的《哪吒闹海》课例，抓住神话语言和儿童思维特点，引导学生通过分析神话语言、人物动作和形象体会神话的魅力，引导学生在情境中大胆想象，碰撞出创造性思维的火花。韩士新老师执教的《我要变》课例，借助现代教育技术巧妙营设各类活动情境，激发儿童习作的热情与兴趣，优化习作指导与讲评过程，提高小学生的创意表达能力。

陈晨老师在执教《认识人民币》一课时，通过生动的情境把孩子们带入了森林王国，用一连串的故事串起日常生活中的购物情境，引导儿童认识并合理使用人民币，从而使学生始终以亢奋的状态投入到数学学习活动之中。陶红梅老师执教的《认识角》课例，以童话情境引领学生畅游"角的王国"，激发他们的学习兴趣，以问题情境启迪思维，并设置操作情境，让学生在动手实践中创造性地运用数学知识。王敏华老师执教的《找规律》课例，将数学知识镶嵌于喜羊羊运动会情境之中，激发起学生热烈的情绪，积极参与探究性学习活动，从而发现数字、图形等数学规律，促进儿童创造力的发展。

　　让我们走进实验班课堂，看看执教者如何通过优化的情境创设，让儿童在一种美好的情感世界、情感体验中学习知识，使他们的思维、想象和记忆等学习活动笼罩上情感色彩，让学生品尝到学习与创造的快乐的。

情境性语义链接与儿童语言创造性发展
——以苏教版五年级语文《清平乐·村居》为例

我们这一代语文人，是沐浴着李吉林的情境教学思想逐渐成长起来的。李吉林提出情感活动与认知活动结合的教学范式，为我们的语文课堂教学打开了一扇明亮的窗。

一 实践理念

近 20 年来，我在语文课堂实践中不断思考"情"与"境"、"情"与"辞"、"情"与"理"、"情"与"全面发展"之间到底有着怎样的辩证关系。"以思为核心"中的"思"到底为何物？十多年前，我提出了语义网络理论：语言在人的心理结构中是以网络形式储存的，网络中的每个节点（词语或概念）都是言语主体的经验积淀和知识输入。语义网络具有活跃性和开放性，利用语义网络的这两个特点可以培养学生思维的变通性、流畅性、准确性、整体性，培养学生的创造性思维。语言是思维的外壳，而语义才是思维的内容。语义的建构即语义网络就是"境"所存，"辞"所依，"理"所在。

我有幸参与了"情境教育与儿童创造力发展的实验与研究"课题研究，促使我思考"以发展思维为核心，着眼创造性"中的"思维"与"情境"、"思维"与"创造性"、"情境"与"创造性"之间的关系。25 年前，李吉林主要从四个方面阐述："在词的理解和运用中，发展思维的准确性""引导运用修辞手法，丰富思维的形象性""加强篇章训练，发展思维的逻辑性""在想象性作业中，发展思维的创造性"[1]。应该说这是依循"语言符号—语言意义（结构）—情境表象"的思路展开教学的。2012年提出的"情境教学与创造性思维的发展"是从这几方面阐述的："丰富表象，为组合新形象打下基础""注重想象，为创造新形象提供契机""鼓励求异，培养思维的广阔性与灵活性"[2]。其核心就是形象的组合（建构），依循"情境表象—情境意义（建构）—语言表达"的思路。如何引导学生通过观察丰富表象？阅读课上能做到吗？除了天马行空的想象，如何引导学生像我们一般的文本那样构思情节、谋篇布局？如何引导学生提取情境要素进行新形象的组合？李葆嘉认为，人类认知的本质是对所感知图式的语义符号化，感知图式的普遍联系性映射为语义的网络性。[3]只有引导学生学会从情境中提取关键要素，形成意义建构（语义网络），才能进一步理解语言，进而学会语言表达。于是，我们申报了实验课题——"情境性语义链接与儿童语言创造力发展的实验研究"。在实验中，我们不断揣摩实践课例，不断完善理论架构。

（一）语言学习的锥形现象

我们发现了人类语言的产生与儿童语言学习有着惊人的相似之处。这种现象可以用"锥形"来表示。如下页图所示。

从语言的产生看，底层是人类所处的情境和人类对自身行为的认识；二层是意义；三层是要表达的符号。当处于某种情境中的时候，人类就会对这个世界产生某种认知或体验。这样，他就获得了某种意义。当心里因为情绪或情感的驱动需要表达意义时，人类便开始寻找某种方式或者某种符号。当这种符号付诸声音时，便产生了口语；付诸某种书写符号时，便产生了文字。因此，我们认为语言是由情境及情境中的人产生意义冲动，寻找表达

① 李吉林：《情境教学实验与研究》，四川教育出版社，1990年版，第129-146页。
② 李吉林：《情境教育三部曲（一）》，教育科学出版社，2012年版，第96-108页。
③ 李葆嘉，等：《语义语法学导论——基于汉语个性和语言共性的建构》，中华书局，2007年版，第21页。

语言产生与语言习得对比图

方式产生的。可见，语言作为创造性的产物，其源头在情境（行为）。这与李吉林 2012 年提出的"情境教学与创造性思维的发展"所依循的"情境表象—情境意义（建构）—语言表达"的路径是不谋而合的。在我们看来，情境触动情感，情感首先驱动的是意义。学生有了某种意义冲动时，必然会寻找到某种相契合的语言表达出来。

再看儿童语言的习得，与人类语言的产生有着惊人的契合：顶层是我们儿童学习的语言符号。而学生要学习语言，必须进入语义层面，这样才会被学生理解、接受。当语义还不为学生理解时，我们就必须借助情境。这与李吉林提出的"以发展思维为重点，着眼创造性"实践中所依循的思路"语言符号—语言意义（结构）—情境表象"是高度契合的。

为什么是锥形？因为情境（行为）永远是最丰富的，语义（意义）的范围要比情境（行为）窄，而语言（符号）要比所要表达的语义（意义）窄。

在课题组的研讨中，江苏情境教育研究所顾问严清对三个层次进行了进一步范畴化，将情境（行为）层面限定为人的对象领域范畴，将语义层面限定为人的意识领域范畴，将语言层面限定为人的语域范畴。

（二）语文教学的冰山原理

语文教学凭借的是文本，能见到的是文本的语言。如果把刚才的锥形看作是冰山的话，那么语言只是浮在水面上的冰山一角，真正的美丽却隐藏在冰山之下，如下图所示。

语言习得

语文教学的冰山原理

语言首先与冰山下的语义产生链接，然后语义与情境产生链接。通过语言的学习进入语义层面，再进入情境层面，三维目标就能达成。语义层面是打通语言符号和情境之间的桥梁，也是建构人类精神家园的核心所在。顶层的语言表现为词，二层就会有与之相应的语义，三层就会有与之对应的情境要素。随着顶层由字、词、句、篇、场域的语言符号系统的扩展，就会有丰富的语义系统与之相对应，底层就会有更为丰富的情境与之链接。李吉林老师当初的实验，正是循着"语言—语义—情境（行为）"的思路逐步摸索出情境教学规律的。

二 课堂实践

吴刚教授将教师对情境教育的专业认知分成四个层面：（1）实证认知——具有经过训练与实践体验的特定学科领域的基本知识；（2）技能认知——能够将学科领域专业知识转化为有效的操作程序和执行结果；（3）原理认知——对特定教学领域的因果关系有深入的了解；（4）自我认知——在课堂环境发生变化时，有快速适应的能力。[①] 前面提到的原理都是我们在教学中摸索出来的基本原理，但是如何在教学实践中熟练运用并能成为课堂教学中的自我认知行为，还需要一课一课地精心设计，逐步摸索出基本的处理教材策略、课堂设计策略和课堂实施策略，归纳出情境性语义链接的要素、

[①] 吴刚：《情境教育的中国学派及激发学生心智发展的优质教学》，载顾明远：《李吉林和情境教育学派研究》，教育科学出版社，2011年版，第140页。

途径、特点和操作要义。

（一）教材处理

《清平乐·村居》是南宋豪放派词人辛弃疾的一首小令，用纯粹白描的手法，描绘了一家五口在乡村的生活情态，表现了生活之美和人情之美，体现了作者对田园安宁、平静生活的羡慕与向往。

备课遇到的第一个难题是，如何梳理文本结构，理出情境（行为）、语义、语言的三个层次。

从全篇看，我们可以把一家五口在乡村的生活情态看作李吉林老师所说的语表情境，即语言所描绘的情境。在这个情境里，辛弃疾抓住的景物及其特点、人物及其行为可以罗列为：茅檐（低小）、溪上草（青青）、翁媪（相媚好）、大儿（溪东锄豆）、中儿（正织鸡笼）、小儿（卧剥莲蓬）。这些实际上是作者在江西上饶地区游历时所见到的乡村情境要素的提取。在这情境里闪动的情就是"喜"。"最喜小儿无赖"就暗示着也喜"茅檐低小"，也喜"溪上青青草"，也喜翁媪"醉里相媚好"，也喜"大儿锄豆溪东"，也喜"中儿正织鸡笼"。

情境要素的提取，完全取决于作者"喜"的情感驱动，并非纯粹客观的素描。当然，这里的"醉"兴许会触动人心灵深处的情感，可以理解为"陶醉"。应该说这是境与情融为一体的画面。当然，这个情境（行为）不完全属于人的对象领域，而是通过情境（行为）要素的提取，作者所认知到的情境（行为）。对象领域的情境（行为）就是现实情境。根据贾国恒的分法，本体视角的现实情境，强调现实情境的客观外在性，可以称作外在现实情境。认知或认知视角的现实情境，可以称作内在现实情境。认知主体在心灵中构造的抽象情境，可以称作内在心智情境。另一方面，从本体视角讲，心智情境可以视为一种特殊的客观存在。认知主体所承诺的外在于自己的心智情境可以称作外在心智情境，它是不同于客观物质对象的一种特殊的外在对象。贾国恒认为，外在现实情境、内在现实情境、外在心智情境、内在心智情境的排列，"非常类似于一根磁铁可以分为两段，两段磁铁都有自己的两极，但两段磁铁又可以按照原状连起来那样"。认为内在现实情境与外在心智情境非常接近，甚至可以视为相同。[①] 因此，文本作为心智情境，我们可以把作者对现实世界的认知结果看作内在现实情境（等同外在心智情境），而作者在心灵中构造的抽象情境可以看作内在心智情境。为了操作方便，我们姑且将作者描绘的情境（行为）作为人的对象领域（即现实情境）处理。

我们在把握了情境（行为）层次的内容时，下一步就是要研究作者所描绘情境（行为）的意义所在，即作者"喜"的情感倾向，也就是贾国恒所说的在认知主体心灵中构造的抽象情境——内在心智情境。很显然，作者情感倾向的是一种和谐、幸福、美好、温馨的乡村生活图画。这就是作者的内在心智情境所表达的意义，属于人的意识领域。一定的情感倾向，必然涉及作者的观念、态度、情感，这里很明显表达的是一种羡慕、向往的情感态度。这，也当属于意识领域。

那么作者的语域呢？词牌名、题目就决定了文本的语域。系统功能语言学创始人韩礼德认为："语言将随着语言的功能而产生变化，语言会随着情景的变更而变更，语域便是通过其功能来区分语言的变体的。"语域是"与某一情景组成语场、语旨、语式有关的语义组成"[②]。"村居"就对语场做了明确的规定，规定了语境中的情境以及情境中人的行为，即所描绘之景必然是乡村生活之景，所描述之事必然是乡村生活之事，所描绘之人必然是乡村生活之人。语旨指情境中角色的社会地位和关系。这里包括翁媪与三儿之间美满幸福的关系，当然也包括作者对所观察对象——五口之家的喜爱、羡慕与向往的情感关系。同时，也对语式有明显的规定性——朴素、自然的语言风格很契合村居的题材。"清平乐"本身就规定了语式中的语音（平仄、韵脚）、语法（句子长短）。

于是，我们对教材做了梳理（如下图所示）。

---

① 贾国恒：《情境语义学研究》，中国社会科学出版社，2012 年版，第 43-46 页。
② 胡壮麟、朱永生、张德录：《系统功能语法概论》，湖南教育出版社，1989 年版，第 175 页。

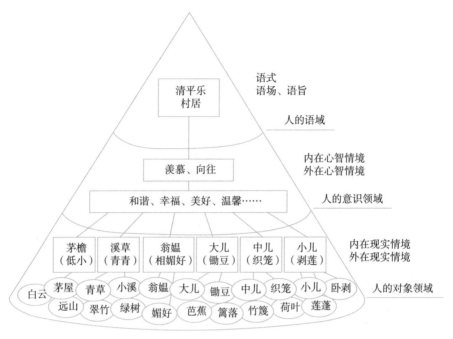

《清平乐·村居》情境模型

　　这种根据课文基础表征建构起来的模型是一种情境模型，是课文表征与读者自身的背景知识相互作用并加以推理而形成的。单纯对课文基础表征进行梳理，利于读懂文本，而在此基础上建构起来的情境模型深化了人们对文本表征的建构与加工的认识，有利于课堂教学实施和创造力的培养。

（二）教学设计

　　第一步，由学过的高鼎的诗《村居》导入，并与《清平乐·村居》比较，初步感知长短句、平仄、上下阕的结构等特点，了解语域里的语式。

　　第二步，疏通课文，扫除生字词障碍。这里要结合运用李吉林早期探索的结果："在词的理解和运用中，发展思维的准确性""引导运用修辞手法，丰富思维的形象性"。有些只需解释的，只要进入语义层面；有的就要借助情境性语义链接，进入情境层面体验。比如只要进入语义层面的有"茅檐、翁媪、锄豆"这些词语，学生都有相应的情境储备。但是理解"吴音、相媚好、无赖、卧"就要进入情境层面。比如学习"吴音"，我们可以先理解是吴地的方言，说一说吴地方言的地域，然后说说吴地方言的特点，请会说吴地方言的孩子演示演示。再联系辛弃疾祖籍的山东话，进行比较，进一步理解"吴侬软语"。比如学习"相媚好"，先根据古文特点，拆字理解，然后理解"相媚好"从字面看指相互说着对方的好，表达着对对方的喜爱。其实具体说什么内容无关紧要，关键是老夫老妻很亲热的样子令作者羡慕。这就给情境的想象留下了空间。所以，接下来就是情境扮演，进行老年人互相亲热聊天的幸福体验。尤其是要引导联系处于情境中人物的行为，体验人物之间的关系（语域中的语旨）来感受幸福。还有"无赖""卧"这些情境性极强的词语，都要依循"语言—语义—情境（行为）"的路径，在情境性语义链接的基础上，从情境走向语义，才能有意识性地打开学生创造性想象的空间，才能让学生获得独特的语言体验。

第三步，了解大意。出示村居图景后，先从所见、所闻两个角度，体会作者从乡村生活场景中提取的情境要素及其特点，形成建构。远看：茅檐→低小，溪上草→青青。远听：翁媪→相媚好。环顾四周：大儿→溪东锄豆，中儿→正织鸡笼，小儿→卧剥莲蓬。然后出示"村居图"，引导学生说说这是一幅怎样的画面，完成从对象领域到意识领域的链接。联系"清平乐"词牌名，了解词牌对语域中语场的规定性：清平乐就是祷求天下、四海太平的一种曲调。然后学生的朗读体验才能深刻。

第四步，体验情感。主要抓住情境中人物的情感——喜，体验作者"喜"的有哪些场景，"最喜"的是什么？体验"人生的幸福，不在于富足，而在于满足"的道理。联系辛弃疾小时候生活在金兵蹂躏下的童年，学生会有更深的体悟。也可以将"醉"引申为"陶醉"，与《破阵子·为陈同甫赋壮词以寄之》里"醉"的情境作比较，通过一段语言情境的描述："让我们穿越时空，来到800多年前，在江西上饶的山乡村野，我们总能看到一位孤独的老人，一位来自被金兵占领的山东，期盼南宋政府收复失地的老人，一位屡遭排挤罢官而壮志未酬的老人。他在这里隐居已经18个年头。猛然间他看到了这样一幅画，一幅幸福、温馨的乡村闲居图。他心潮澎湃，思绪万千。"提问："你们猜猜，这位老人心里会想到什么呢？"让学生打开创造性想象的空间，体验作者一直想收复失地，让北方人民过上安宁幸福的生活，都能安居乐业的愿望。联系辛弃疾的号"稼轩"，理解"稼"，庄稼的稼；"轩"，有窗的小房子，让词的物象情境与文化情境接轨，体验作者丰富的内心世界。

（三）课堂实施

主要通过对话教学的方式，利用图画展示、音乐渲染、拓展想象、朗读体验，遵循"学生有语义、情境储备的不讲，学生能理解的只要触及语义层面就行，学生难以体验就进入情境层面"的原则。凡是进入情境（行为）层面后，都要重归语义层面，锻造学生思维的准确性、形象性、广阔性和灵活性。

1.张弛有度。

即时捕捉学生的认知层次，遵循"语言—语义—情境（行为）"三个语言学习的深度层次，灵活拿捏，张弛有度。对语域中语式的学习，真实的课堂是这样运行的。

师：我们先来看一首诗——《村居》。一起读。

生：村居。草长莺飞二月天，拂堤杨柳醉春烟。儿童散学归来早，忙趁东风放纸鸢。

师：非常好。今天我们要学习的是辛弃疾的这首《村居》。谁来读一下？

（生读）

师：看来预习得非常充分。同学们，我们来比较一下，今天学的《村居》与高鼎写的《村居》有什么不一样呢？

生：辛弃疾写的《村居》是词，而高鼎写的《村居》是诗。

师：那么，词与诗又有哪些不同呢？

生：词的句子长短不一，故称长短句。还有词牌名。

师：你是怎么知道的？

生：在《课课通》上找到的。

师：我知道同学们喜欢看《课课通》。老师再问你，"清平乐"是什么？

生：词牌名。

师：为什么叫词牌名？（学生答不上来）古代的乐曲都要配歌词，就是我们今天读到的"词"。不同的乐曲，对"词"中句子的长短、节奏、韵脚都有具体要求。不同的乐曲都要取一个名字，这就叫词牌名。这首词的词牌名叫什么？

生：叫"清平乐"。

师：一般的词分上下两部分。上半部分叫什么？

生：叫"上阕"。

师：下半部分呢？

生：叫"下阕"。

师：这首词真正的题目是什么？

生：村居。

师：我们读题目的时候，要注意中间有一个空挡，要停一拍。清平乐／村居。一起读。

对于词牌名、词的题目、上下阕，学生通过自学就会，只要求学生说。而词牌名是怎么来的，学生不懂，就要教师讲解。给乐曲配歌词的背景情境，对理解词牌名很有帮助，为后面理解"清平乐"这个词牌名的乐曲特点（语式）及表现内容（语场）的特点作了铺垫。

2.择机建构。

用词，必须充分体现语义，特别是要充分体验到作者提取情境要素的理由。如"青青草"这一情境要素的提取，着力要体现的是草的生机与活力。我是这样引导学生的。

生："青青"是指碧绿色。

师："青青草"就是"碧绿色的草"，与"青草"有啥不一样？

生："青青草"显得更绿。

师：这样的绿，更显得——

生：生机勃勃。

生：生机盎然。

生：非常饱满。

生：青翠欲滴。

生：绿得尤其可爱。

生：绿得葱茏。

师："茅檐低小，溪上青青草。"读——

生：茅檐低小，溪上青青草。

这样的体验，对"青青草"在作者心智情境中的语义表达和多侧面建构是大有裨益的。

3. 比较体验。

很多的语义形成，是在比较中产生，在综合中概括。如果不能将语义与情境中的多个要素、多个侧面进行链接，即使进入情境，也不能深刻、准确、生动地体验语义的内涵。

生："卧剥"就是躺着剥。

师："卧"是什么意思？

生：躺。

师：剥壳时是躺着剥？这会出现什么现象？

生：容易剥在身上？

生：剥的壳儿会掉在脸上。

师：最好怎么剥比较现实？

生：最好是趴卧着。

师：看看书上的图，小儿是怎么剥的？

生：是趴着剥的。

师：翻开《辞海》，"卧"有三种意思，有"睡"、有"躺"、有"伏"。这里的"伏"就是——（趴）。如果将原句改成"最喜小儿无赖，溪头趴剥莲蓬"，好不好？

生：好难听。

师：这里应该是"仄"声，却变成了"平"声，声调上缺少平仄起伏，不好听。我们把原句再读一读。

生：最喜小儿无赖，溪头卧剥莲蓬。

生：《清平乐·村居》描写的情景是清新、雅静的，可是用"趴"就不美了。

师：这句话是写谁的？

生：小孩儿。

师：写小孩儿的什么特点？

生：顽皮可爱。

师：怎么顽皮可爱？光光趴着就可爱？想想，趴着剥完了，这顽皮的小孩怎么吃？

生：可以仰卧着吃。

生：可以侧卧着吃。

生：当然也可以趴卧着吃。

师：一个"卧"字给我们更为丰富的想象空间，把一个顽皮可爱的小孩子写得活灵活现。我们再来齐诵《村居》体会体会。

对于小儿顽皮可爱的体验，不能光光扣住睡、躺、伏三个义项，也不能仅仅停留在进入情境后想象睡、躺、伏的姿势，以体味无忧无虑。只有弄清为什么睡、躺、伏，学生才能真正进入角色体验。语义直抵情境要素，这是情境性语义链接所要突破的地方。

4. 角色扮演。

角色扮演，能让学生将语义理解形象化、具体化，充分发挥其创造力、想象力。孩子们的表演充分体现了互相夸赞的幸福感。我相信，那种吴侬软语的"相媚好"一定会在学生心中留下深刻的体验。

生："相媚好"是指两个人亲热的意思。

师：你怎么知道的？

生：看《课课通》。

师：还记得先前教你们的经验吗？学古文，不要光看《课课通》，查《新华字典》《现代汉语词典》都不太可靠，而要查《古汉语字典》，甚至于《辞海》《辞源》。"媚"在《少年王冕》这一课接触过，是什么意思？

生："媚"与女人的眉眼有关。

生："明媚"的"媚"是美好的意思。

师："相媚好"中的"媚"是不是美好的意思呢？

生：不是。是讨人喜欢的意思。"相媚好"表示彼此之间相互喜爱，很亲热，在喝酒谈笑。

师：用什么方言谈笑？

生：吴音。用吴侬软语谈笑。

师：那男生就是老爷爷，女生就是老奶奶。彼此之间谈笑些什么呢？

生：谈一些大儿子懂事，在溪水东边的豆田里除杂草，非常勤劳；二儿子正在编织鸡笼，也非常勤劳，非常懂事，帮父母分担家里的事儿。最可爱的是小儿子，他天真可爱，在溪边躺卧着剥莲蓬吃。

师：你觉得老爷爷、老奶奶这样聊天亲热吗？

生：不亲热。

师：到底会怎样聊天呢？小组讨论一下。首先要有亲热的称呼，然后要有夸赞的内容。

（小组讨论）

师：来，这位老爷爷、这位老奶奶，聊一聊。

生：老伴儿啊，你看我们的大儿子多勤劳啊，在田里锄杂草。你再看我们的二儿子正织鸡笼，多懂事啊！再看，那小儿子顽皮可爱，在小溪旁卧剥着莲蓬。我们真是太幸福了，你为我们这个家生了这么多懂事的孩子！

生：是啊，老头子，还是你教导有方啊！我们有这么多懂事的孩子，够幸福的了！

师：这样的"相媚好"才是亲热的样子。

三 实践感悟

　　学生学习文本，通过语义层面的理解就能解决的语言学习，并不是我们研究的重点。我们重点研究的是学生缺少情境（行为）储备，或者缺少对情境（行为）深入体悟时，需要语义要素与情境要素的链接，来感悟文本语言。与此同时，才能明白作者如何提炼情境（行为）要素，进而进行语义建构和语言表达的。

（一）情境要素的提取

情境要素的提取，首先关系到情境结构的区分。我们在感性中提取情境要素时，并没有明确的情境结构观念。但是，语文教学必须对情境结构有所区分，才能有效地引导学生提取情境要素。情境结构实际上就是根植于课文表征建构起来的情境模型。引导学生建构情境模型，就是要引导学生在阅读过程中，综合自己的原有经验和作品中的文字表达，在脑海里形成动态视像的过程。它涉及情境要素中的时间、空间、因果、意向和人物。

情境要素的提取首先要依据学生的认知基础。比如辛弃疾对江南安居乐业的农村生活的羡慕、向往，是有其时空背景、因果关系的。辛弃疾，山东济南人，出生时，北宋已经灭亡，山东被金兵占领。他从小不断亲眼目睹汉人在金人统治下所受的屈辱与痛苦，21岁加入抗金义军。后起义失败。辛弃疾立志恢复中原、报国雪耻，但南宋朝廷根本就不采纳辛弃疾的建议和主张，他甚至被排挤，被罢官，来到江西上饶的农村闲居20多年。所以，他对小儿无忧无虑、顽皮可爱的喜爱，与其童年遭受金兵蹂躏的经历是有很大关系的。他对儿女绕膝、安居乐业的农村生活的向往，与杀敌报国、收复失地，让家乡的人民过上安定幸福生活的强烈愿望是密不可分的。这些，学生并不了解，就需要教师提供资料，从而加深对文本的理解。课堂实践证明，这样的时空对比，对学生深入理解文本是有益的。

情境要素的提取，要依据作者的意向选择和情境中人与物的特点。情境中的人和物的提取，必然与其特征有关，而这特征必然与情感倾向有关。情感倾向实际上是人的意识领域的语义建构。如果情境不能与语义产生链接，情境不能走向语义，情境要素的提取就会漫无目的。

情境要素的提取，还要依托学生的想象和推理能力。比如对"相媚好"的理解，对"卧"字的解读。

（二）情境特征的概括

在教学设计的情境模型构建中，发现在外在现实情境与内在心智情境之间，还缺少一座桥梁。这座桥梁就是情境要素提取后的特征概括。比如溪上青青草，体现的是生机盎然；翁媪相媚好，体现的是亲密；大儿锄豆、中儿织笼，体现的是勤劳；小儿无赖，体现的是可爱。只有这些特征才能营造和谐、幸福、美好和温馨的氛围，才能明白作者的情感取向。笔者在具体课堂教学操作过程中，不知不觉将这一环节补上了。

（三）情境模型的相对性

情境模型立足于课文篇章表征。这时课文描述的内容，并没有把它看作语言本身，而是当作一种语言描述的情境，是乡村图景的情境要素提取后建构的作者心中的内在现实情境。而课题，我们就可以当作语域来考虑。但是，落实到具体词语时，我们又可以通过"语言—语义—情境（行为）"三个层面中情境的想象、推理，理解语言所表达的语义。比如"相媚好"的理解，"卧"字的妙用。

江苏省如东县宾山小学　丁寿平

在感悟神话魅力中学习创造

——以苏教版三年级语文《哪吒闹海》为例

一　实践理念

"语文作为小学最基础也是最重要的一门课程，与实际生活有着异常紧密的联系，这不仅体现了语言教育的独特之处，同时也体现了语言的实用性。"[①] 新课程改革对我们的课堂提出了新的要求，教师要丰富自己的课堂，使学生对语文产生兴趣，激发他们强烈的求知欲望。兴趣是最好的老师，浓厚的兴趣促使学生亲近语文。只有激发了学生的学习兴趣，才能使语文课堂更高效、更富有吸引力。教师在教学中应挖掘学生的想象力，活跃学生的思维，培养学生的创造力，巧妙地将课堂教学引向生活。情境教学十分有利于儿童创造性思维的发展，它把儿童的认识活动与情感活动结合起来，有效地丰富了学生的想象，促进了学生创造力的发展。

在《哪吒闹海》教学中，我以文本为载体，通过创设情境，打开学生灵活思维的大门，让学生插上想象的翅膀，激发学习语文的动力，将儿童的认知与情感结合起来。在儿童的世界里，想象充满着奇异的色彩，通过想象，学生思维之花绽放，语言表达也更加灵活、流畅。我抓住中国神话故事的语

[①]　钱林英：《浅论小学语文课堂教学的生活化》，《现代阅读》，2012 年第 11 期。

言特点，发掘学生的语言和思维特点。通过分析神话的语言、神话人物的动作和形象引导学生去感悟神话的魅力，使学生在愉悦的状态中自我感悟，受到启发，通过大胆想象碰撞出创造性思维的火花。这样的课堂气氛活跃，学生积极性高，呈现出语文课堂鲜活的生命力。

二 课堂实践

《哪吒闹海》是一篇非常有趣的神话故事。文章以鲜活的人物形象、生动有趣的语言以及对话，给孩子们讲述了一个神奇且寓意深刻的故事。学神话应该让课堂充满神味，让孩子充分挖掘"神"在何处，不能束缚孩子的思维，让唯一、标准的答案来框定学生的思想。案例中我对教学的处理体现了学生思维的开放性。

（一）围绕"闹"字学习课文

（在此片段教学中，我首先让学生抓住关键词，通过读和演的形式来体会哪吒的形象特点，再通过复述课文，引导学生想象，激发学生的语言创造力。）

师：今天我们就跟随小哪吒去闹东海，同学们快速浏览课文第2—4节，划出哪吒闹海的句子。（学生自读并画句子）

交流：

1. 一闹龙宫。

（1）先看第一闹，哪个同学来读读你划的句子？（学生回答）

出示：他跳进大海里，取下混天绫在水里一摆，便掀起滔天巨浪，连东海龙王的水晶宫也摇晃起来。

（2）这个混天绫可是哪吒的法宝啊，你知道它有哪些威力？

生：掀起滔天巨浪、可变长变短……

师：你知道的真多！你真是一个爱读书的孩子！

师：谁来读一读，读出混天绫的威力？（指名读）

师：太厉害了！他不仅读出了混天绫的威力，还读出了几个表示哪吒动作的
词语，大家听出来了吗？

（3）课件标红：跳、取、一摆、掀起。

师：如果谁能加上动作来读读就更棒啦！（指定学生读）

师：真形象，从这些动作中你可以感受到什么？

生：哪吒本领高，很厉害！

师：让我们一起来读出哪吒的本领高。

师：哪吒本领高强，混天绫威力无穷，这时的龙宫又是怎么样的？

生：龙宫一片狼藉，桌子都倒了，水果撒了一地，龙王差点儿从宝座上
摔下来。

师：龙宫被哪吒闹了个天翻地覆。（指板书：闹龙宫）我们一起来读好
这一段。

2. 二闹夜叉。

师：那哪吒又是如何二闹夜叉的？谁来读读自己划的句子。

（生回答）

（出示句子：小哪吒可机灵啦，身子一闪，躲过了这一斧头，随即取下
乾坤圈，向夜叉扔去。）

师：你觉得小哪吒怎么样？机灵！从哪些词语可以看出来？（闪、躲、随即）

师：你能读出小哪吒的机灵吗？谁来和他比一比？（指名2～3人读）

师：你读出了他的机灵！

师：很多孩子都跃跃欲试，来，我们一起读。（齐读句子）

师：哪吒取下乾坤圈向夜叉扔去后一下就把夜叉给打死了！

师：那同学们说说夜叉该不该打？为什么？

生：该打，因为它太可恶了。

生：该打，它欺负老百姓。

师：（出示第一句）谁来读读这一句？

（生读）

师：从这句话中你觉得夜叉是一个怎样的人？

生：凶狠、残忍。

师：我们一起来读出夜叉的凶狠。

师：谁来试着读出哪吒的机灵和夜叉的凶狠？

（男生、女生分角色比赛朗读、齐读。）

3. 复述课文

师：同学们，有意思吗？这么有趣的故事是要讲给别人听的。下面我们就来试试怎样把故事讲得生动，讲得精彩。我们先来看一段动画。（播放动画）

师：好看吗？这么好看的故事，课文只用了几句话来写，你觉得过瘾吗？

生：不过瘾。

（出示句子：夜叉从水底钻出来，只见一个娃娃在洗澡，举起斧头便砍。小哪吒可机灵啦，身子一闪，躲过了这一斧头，随即取下乾坤圈，向夜叉扔去。）

师：那怎样才能把故事讲得更有意思呢？同学们想一想要想把故事说得生动，有什么要求呢？

（相机板书：丰富语言　细化动作　绘声绘色）

师：我们一起来练一练，把故事讲得生动吧！

（出示："夜叉从水底钻出来，只见一个娃娃在洗澡，举起斧头便砍。"）

师：怎么把这句话说得更生动呢？

师：同桌先互相说一下，然后我们请同学说！

生：一个白白胖胖的娃娃在洗澡。

生：一个活泼可爱的孩子在洗澡。

师：同学们的想象力真丰富啊！这个白白胖胖的娃娃长什么样儿呢？

生：一个头上扎着红头绳，穿着红色布兜，虎头虎脑的孩子在洗澡。

生：眼睛大大的，活灵活现的。

师：你想得真形象，真具体，哪吒的样子已经出现在我面前了！

师：夜叉看到后，多生气啊，他暴跳如雷，（出示）就大喝一声——

生：哪里来的小孩子胆大妄为，看我把你收拾！

师：这句话说得真好！因为哪吒把水晶宫搅得人仰马翻，难怪夜叉如此生气。

（1）（出示）小哪吒定睛一看，看见……，于是，哪吒就笑着说："＿＿＿＿＿。"夜叉不由分说，举起斧头便砍。

（2）我们来看看夜叉的图片：夜叉长什么样儿啊？

生：凶神恶煞的。

生：目露凶光，身材魁梧，一看就是坏人。

师：你们观察得真仔细。

师：这么丑陋的夜叉哪吒怕不怕？

生：不怕！

师：（出示）于是，哪吒就笑着说——

生：哪里来的丑八怪，想打死我，门都没有！

生：哈哈，黑乎乎的怪物，你也会说人话的啊？

师：人物一开口，故事就生动啦！现在，将刚才这几句话连贯地讲一讲。

（生练习讲故事）

（二）品味神话故事的"神"

（在此片段教学中，我让学生抓住"神"字，去品味神话的特点，了解中国神话故事的神奇之处，引导学生畅游在神话故事的奇妙世界里。）

1. 在你们的丰富下，故事变得更生动了，《哪吒闹海》的故事出自我国古代的神话巨著《封神演义》。神话最早就是像你们这样一代说给一代听，才渐渐流传下来的，这叫"口耳相传"。神话故事之所以吸引了一代代人，它的魅力就在于它的"神"（板书：神话，在"神"下画三角），你觉得《哪吒闹海》的故事神在哪儿呢？请同学们快速浏览全文，找一找你认为最神的地方。

2. 交流：你觉得哪儿最神？

（1）神器。

生：哪吒的混天绫和乾坤圈很神，混天绫可以变长变短……可以掀起滔天巨浪，乾坤圈比一座大山还重，太神奇了。

师：是啊，哪吒有"神器"。（板书：神器）故事中其他人有兵器吗？

生：三太子有枪，夜叉有一把斧头。

师：神话故事中还有很多"神器"呢，来瞧这个。

（出示句子：一根铁柱子，约有斗来粗，二丈有余长。棒是九转镔铁炼，老君亲手炉中煅。上书一行字，如意金箍棒，一万三千五百斤。）

师：这是什么"神器"？

生：金箍棒。

师：你真是火眼金睛。

（出示句子：那宝物自混沌开辟以来，天地产成的一个灵宝，乃太阳之精叶，故能灭火气。假若扇着人，要飘八万四千里。行近山边，尽力一挥，那火焰平平。）

师：这又是什么"神器"？

生：芭蕉扇。

师：神不神？你还知道哪些神话故事里的"神器"呢？

生：女娲石、轩辕剑、开天斧……

（2）神人。

师：除了神器，你发现这个故事还"神"在哪里呢？

生：哪吒很厉害。

生：龙王生活在大海里。

师：哪吒这个娃娃跟我们一样吗？世界上有龙王、有夜叉吗？

师：神话故事以神和妖为主要人物，特别神奇，神话神在有"神人"。（板书：神人）

师：同学们读过不少神话故事，你还知道哪些神话故事中的神人？

生：孙悟空、沉香、盘古、二郎神、牛魔王、七仙女……

师：《西游记》是一部神话巨著，很多同学都读过，里面就有很多神人，瞧！（出示：孙悟空图片）孙悟空"神"在哪里？

生：七十二变。

生：翻筋斗十万八千里。

生：火眼金睛。

……

师：你还在故事里发现哪儿很神？

生：哪吒用乾坤圈一下子就把夜叉打死了。

生：他的混天绫能掀起滔天巨浪。

师：你能举起大山一样重的乾坤圈吗？你能上天入地吗？神话故事里的神人都有"神功"。（板书：神功）

3. 神话故事太神了，它奇妙的想象，夸张的故事情节带给我们很多幻想。课后同学们还可以再去读读神话故事，去发现其中的"神人""神功""神器"。

三　实践感悟

学生的奇思妙想使人振奋，我庆幸自己发现了这道美丽的风景线。"高效的语文课堂关键就在于从多角度、多层面挖掘教材的趣味信息，从而激发学生的学习兴趣，充分发挥学生的主观能动性。"①

（一）巧抓文眼，汲取文字精华

语文课文都有它的文眼，抓住文眼，就能汲取课文的精华，汲取了精华，我们才能深入研读文章，领会它的奇妙，将生硬的文字整合成活灵活现的画面，把有限的文字变成无限的想象。

本案例中，我首先抓住文眼"闹"字，让学生思考哪吒是如何闹的。闹龙宫，我问学生哪吒是怎么闹的，有学生抓住了哪吒的动作来分析；还有的学生抓住了侧面描写龙宫的一片狼藉来表现哪吒闹得很厉害。有一个学生说道："老师，哪吒厉害在他有一个厉害的武器——混天绫。"我问这个学生：

---

① 石晶：《挖掘课文兴趣点　构建语文高效课堂》，《小学语文教师》，2014 年第 5 期。

"你知道混天绫都有哪些厉害的地方吗？"这个学生给出了精彩的回答。这个学生能从不一样的角度发现问题，就源于他的生活体验，以及对生活的关注。他的回答激发了其他孩子表达的欲望，学生纷纷举手，说出了自己知道的混天绫的各种威力。课堂是充满未知和挑战的，随时都可能有意外和惊喜出现，而这一切都必须跳出固定的线路去寻找激情。

案例中，我尊重学生充满童趣的理解与回答，遵循课文的思路，运用新颖的手段创设情境，巧妙地将生成与预设融合起来，启迪学生的智慧，尊重学生的思考，学生透过文字给出了创造性的见解，学生在合作与交流之中相互启发。

（二）发挥想象，激发创新思维

爱因斯坦说："想象力比知识更重要，因为知识是有限的，而想象力概括着世界上的一切，推动着进步，并且是知识进化的源泉。"想象既能愉悦身心，又能给人们带来不断学习的动力。

新课标提出，教学必须根据学生学习语文的特点，爱护学生的好奇心、求知欲，鼓励自由表达，充分激发他们的问题意识，积极倡导自主、合作和探究的学习方式。

在教学中，激发学生的想象力和创造潜能，可根据背景提示，想象当时的环境气氛；根据课文描写的人物的神情、动作和语言，想象人物的心理活动，或根据人物的语言、心理活动，想象人物的神情、动作等。情境教学以广阔的思维空间，让儿童充分地展开想象。

案例中正是有了学生的大胆想象，才有了课本中那个活泼可爱、充满正义感的哪吒形象。

生：夜叉看见一个白白胖胖，穿着小红布兜，头上扎着两根小辫的可爱娃娃拿着一条红绸带在海里搅来搅去。

正是学生的寂然凝虑，悄然动容，才会有龙王三太子一开始的出场和后来的结局发生巨大变化的有趣画面。

生：三太子一出场，果然威风八面。你看，他穿着金刚盔甲，手拿"神器"，骑着"神兽"，带领着虾兵蟹将从滚滚的海水中直冲哪吒而来。他指着哪吒说："哪里来的小破孩儿，敢在东海龙宫撒野，让本太子好好来收拾你。"

可现在，三太子被逼出原形。他满脸挂彩，一副狼狈的样子被哪吒骑在身下苦苦哀求哪吒放他一条生路。

这样的灵感和想象就需要老师不断地引导学生根据课文描述，通过想象在头脑中显现出新的图像，从而进入情境；理解人物形象时，又使其通过想象中的整个情境，体会人物特点，让孩子们打开心灵之窗凝视万物。课例中，学生不断涌现的新问题和新答案，使课堂充满趣味，亮点纷呈，精彩不断，这正是创造性思维的体现。

（三）回归生活，演绎精彩课堂

语文教学最终要回归生活，教师要创造一个生活化的语文学习环境，让学生自由地展示自己的天性。"在生活化的语文学习情境中，一切都被披上了亲切迷人的色彩。"[①]案例中我通过神话故事的特点，提出"神话故事到底'神'在哪里"，让学生认真思考，积极讨论。学生兴趣盎然，回答精彩纷呈。之后我再从课内延伸到课外，让学生结合生活来说说神话故事的神奇。学生由此展开了一番热烈的讨论。神话故事是我国文化的一大瑰宝，它有着自己鲜明的特点，孩子们都很喜欢。我通过让学生讨论神话故事的神奇来了解这一文学类型的特点，引发学生更多地去关注中国神话故事。神话故事奇妙的想象、夸张的故事情节带给我们很多的幻想。老师让学生在一个广阔的天地中，积极自主地探索它的神奇，了解故事来源于生活，高于生活，给予我们生活的启发。

由此可见，给思维插上想象的翅膀，让课堂回归生活，教师通过创设情境引导学生想象，调动学生思维，切切实实地体现了激发学生创造力的重要性。课堂因想象而精彩，也充分凸显了创造性思维是课堂之源！

江苏省南通崇川学校　曹雪晶

① 周雨明：《寻找语文教学的智慧》，《语文教学通讯》，2015年第3期。

让现代教育技术激活儿童的生活体验

——以人教版三年级习作课《我要变》为例

1989 年初识李吉林老师，我便一发不可收地喜欢上了她的情境教学思想。"情感活动与认知活动结合"的教学范式，为我们的作文教学打开了一扇宽敞而明亮的门。在南通市小学语文习作教学研讨活动中，我以情境教学思想为指导，以提升学生的习作水平、发展学生的创造力为目标，执教了《我要变》习作指导、讲评课，获得了与会专家和同行的好评。

一 实践理念

作文教学作为小学语文教学的重要内容，不仅要贴近学生实际，引导学生关注现实，热爱生活，而且要让学生学会具体明确、文从字顺地表述自己的意思。然而，小学作文教学费时多、效率低、学生厌倦、家长抱怨等现象，一直困扰着广大的语文教师。如何从根本上改变目前学生"无材可选、无法表达、无病呻吟"的现状，让学生充满兴趣，关注现实，热爱生活，表达真情实感，一个行之有效的方法就是充分发挥现代教育技术在小学作文教学中的优势，让音像、视频、动画等技术在作文教学中得到合理运用，巧妙创设各种各样的情境，让习作过程成为愉快的体验，成为对话的天地，成为有收获的实践。这就要求把课堂教学和学生的实际生活与能力发展密切结合起来，从而为小学生作文引入源头活水，激发他们对作文的浓厚兴趣，点燃他们对作文的智慧火花，为困境中的作文教学插上腾飞的翅膀，最终在情境交融、寓教于乐中切实发展学生的习作能力，提升学生的创造力。

在课题研究实践中，我逐渐总结出"情境创设巧妙牵引，适度淡化作前指导，适当强化作后讲评"的习作教学模式。作前指导适度自然，用情境激发引导，在情境中畅所欲言，用不同的范例引路，强调个性化的生发生成，绝不固化、约束思路。讲评是非常重要的，要先让学生写，再在讲评时教。讲评学生习作前，要认真研究他们的作文，先"把脉"再"下药"，才能有的放矢，"指"出好在哪里、为什么好，"指"出问题在哪里、怎么修改；"导"出贴近学生、利于提升的作文训练点，在良好的情境氛围中讲评，从而让学生在愉悦的情境中，主动快乐地学写作，创造性地写好作文，享受这个过程。

二 课堂实践

（一）教材处理

"假如我会变"是人教版三年级下册"语文园地八"的习作内容。本组是围绕神话传说和民间故事的主题编排的。此前，学生已经学过几篇语言生动、想象奇特的神话传说、民间故事。在此基础上，安排"假如我会变"习作训练，让学生表达以想象为主的内容，顺理成章、水到渠成，能见到应用效果，可见教材编者是颇为用心的。教师要用好教材中的这些学习资源，有效地帮助学生写好这次习作，于实践活动中发展其创造力。我在仔细研读教材后，为习作指导制定了如下目标：（1）在想象的基础上，用通顺的语言表达想变的愿望。（2）能说清楚想变什么、想干什么。（3）分享想象的快乐、自由表达的乐趣。习作的重点与难点是：拓展习作思路，让学生想得开；习作有内容，根据想象编个比较完整的故事。

我为习作评讲制定了这样的目标：（1）赏析佳作，让学生进一步明白要把变什么和干什么写清楚，要展开丰富的想象，使编写的故事有趣。（2）让学生在自主修改、互相修改中掌握简单的修改方法，逐渐提升自己的习作能力。（3）鼓励学生自由地发表自己的见解，分享想象与表达的快乐。讲评的重难点是：初步学会习作的修改方法，让学生在自主修改和相互修改中提升写作能力。

（二）教学设计

根据学情分析，我采取了三条教学策略：（1）这次习作所在的单元主题是"神话传说"故事。在教学中，利用教材的特点，在学生广泛阅读课内外优秀神话、童话、传说的基础上，感受想象的瑰丽神奇。将读写融合起来，积累语言和表达方式。（2）创设游戏情境，激趣引路，让孩子们在层层推进的活动中，生动活泼、身心愉悦、化难为易地习得说写的能力。降低习作难度，帮助学生克服畏惧心理，激发其说写热情。（3）充分预设学情。想象是孩子们的天性，对"变"更是兴趣盎然，可如何让三年级的孩子广开思路，说得较为具体，依旧较难。因此，我认为，这次习作教学的关键之处，一是拓展学生的思路，放飞想象；二是习作有内容，有所写，编写一个相对完整的想象故事。真正做到这两点，学生的创造力自然也就得到了提升。

指导课从课前录像激趣，自然过渡到"打开思路——海阔天空地想"，从"激发情感——激动兴奋地说"再到"放飞想象——酣畅淋漓地讲"。评讲课自然导入后，从"活动一：大家共欣赏"到"活动二：我来把把脉"再到"活动三：动手改一改"，做到了真实原态、妙趣横生、高效生成。

（三）课堂实施

1.《我要变》习作指导过程。

（课前谈话）

师：孩子们，在这里上课兴奋吗？

生：兴奋！

师：开心吗？

生：开心！

师：喜欢看动画片吗？

生：喜欢！

师：声音真响亮！好，上课前老师就奖励大家看一段动画片！

（播放动画片《孙悟空大战二郎神》）

> 设计意图：教师通过与学生的简短对话，勾起愉悦的回忆，而播放精心准备的动画片更是将孩子们带入了神奇而有趣的打斗场景中。

（1）打开思路——海阔天空地想。

师：孩子们，刚才的动画片有意思吗？

生：（异口同声）有意思！

师：你们想不想像孙悟空一样，会七十二变，变成自己喜欢的事物？

生：想！

师：好，今天就给大家这样一个机会！（板书：我要变）一起说出你们的愿望！

生：我要变！

师：老师有一个秘诀，能马上让你们实现这个愿望！这个秘诀就是——想象。想象的力量是无穷的，现在你们就可以变了，想变什么，就变什么！

（在《西游记》体现孙悟空"变"的背景音乐烘托下，教师语言引导。）

师：上天赐予我们力量！闭上眼睛，展开想象，时光飞转，穿越隧道，一股神奇的力量带着你来到了一个神秘的地方。啊！此刻的你浑身发热，头皮发痒，长出了犀牛的角；身子渐渐变轻，脚上长出了鳞片，背上长出了鸟儿的翅膀；或许披上了铠甲，化身为铠甲战士或是奥特曼……啊，你们都变成了自己喜欢的事物，变！变——

（2）激发情感——激动兴奋地说。

①教师引导。

师：好，孩子们，睁开眼睛，你变成了什么？

生：我变成了一只会唱歌的小黄鹂。

生：我变成了一只勤劳的小蜜蜂！

生：我变成了一只威风凛凛的大老虎！

......

师：你变成了喜欢的事物，高兴吗？能不能说一说？

（生欢欢喜喜、争先恐后地说）

师：你们都变成了自己喜欢的事物，太了不起了！让我们一起高兴地、兴奋地、激动地大声喊："我变成了……"

②教师示范。

师：各位新朋友，你们都变了，我也想变。现在我摇身一变，变成了——一只老鹰。你们喜欢我吗？能描述一下我的样子吗？

生：你这只老鹰有着椭圆形的小脑袋，一双圆溜溜的水晶般的眼睛，目光可敏锐啦，能看见几千米以外的兔子。尖尖的喙，前面还有点儿弯，像钩子一样。一对巨大有力的翅膀，能在天上自由翱翔。

生：你还有一对鹰爪，强健有力，小动物只要被你抓住了，就被你带到了空中。你看上去挺酷的，我们喜欢你！

......

师：观察真仔细，能不能也用几句话说说你自己变成了什么模样啊？

（生畅所欲言）

师：你和老鹰有什么不一样呀？你们有什么想要问她的吗？你变成了谁呀？他说得怎样？

......

师：朋友们，老鹰之所以来到这里，还有一段神奇的经历呢！你们想不想听呀？

生：想！

（师娓娓讲述《老鹰的奇遇》，内容见文末附。）

师：我讲的故事怎么样？你听明白了什么？

（生回答后，老师相机板书：变什么　有趣　干什么。）

师：同学们，我变成老鹰之后还会发生怎样有趣的事情？谁来说说看？说的时候可以适当加上动作、表情等。

（生续编故事，兴趣盎然。）

师：他说得怎样？是呀，变化之后什么有趣的故事都可能发生！

设计意图：教师创设想象的空间，引领学生插上想象的翅膀；化身老鹰引导学生说样子，使想象的人物变得可感，讲故事则起到了示范引导的作用。

（3）放飞想象——酣畅淋漓地讲。

师：愿意把你们自己变化后的故事说出来跟大家分享吗？好，先请同学们在组内说，说的时候可以适当加上动作、表情等，然后根据伙伴的意见补充完善。

（屏幕出示习作要求）

神话、传说中的人物真神奇。比如孙悟空，他会七十二变。如果你也会变，你想变成什么呢？这次作文，就给你一次"变"的机会，请你展开想象的翅膀，编一个故事。在故事里，你可以变成任何人、任何物。想好以后，说给小组里的伙伴听，再根据他们的意见补充完善。

师：想好了吗？赶紧和你组里的伙伴说一说，怎么想就怎么说。

（教师深入到学生中适时点拨指导）

设计意图：愉悦的情境可以让学生合情合理地展开想象，在共同的创作中不断完善自己编的故事。

（4）分享交流——体验百变后的快乐。

师：同学们说得多兴奋啊！谁愿意把自己变后的有趣故事讲出来，跟大家分享？其他同学要仔细倾听，注意讲述者说得好的地方，待会儿请你加以表扬，看谁最会聆听、最会夸赞别人；你有什么不明白的，一会儿可以向他提出你感兴趣的问题。看谁会倾听，会思考。谁来说说自己的故事？

（生绘声绘色地讲故事）

师：你讲的故事的题目是什么？好的，讲时注意自己的动作、神态等。

（生继续讲故事）

师：他讲的故事怎么样？谁来夸夸他？

（生评价故事）

师：你有什么不明白的或感兴趣的问题，需要问问他吗？

（根据其他学生的评价、提问，指导该学生把大家关心的关键问题说具体。）

师：我们还可以变得美一些，请欣赏一段视频。（播放舞蹈《雀之灵》）怎么样，给个评价吧？

生：太美了！

师：是呀，我们也要变得更美些、更有趣些哦！好，我们继续来分享变化后的有趣故事！谁来讲述？

（生更加投入地讲述故事）

师：你是蝴蝶，你有什么有趣的乃至离奇的经历呢？小蝴蝶，你好！你还有没有与之相连的故事呀？你的想象真丰富！如果把两个故事串在一起，就更好啦！关键是有哪些曲折经历和过程。有趣的故事总是一波三折，还有哪些故事呢？你是什么样的？

（生叙说变化过程和有趣的故事）

（生评价）

师：说得精彩，评得也不错，让我们把掌声送给他们！还有谁愿意说？

……

设计意图：学生创造力的发展离不开具体的实践环节的创设。通过师生共评，相机播放《雀之灵》，让学生继续美美地想、乐乐地说，使学生的主体作用在想象、交流中得以充分发挥，进而为下一步写作做好准备。

（5）完成习作——认真书写百变经历。

①屏幕出示习作要求。

神话、传说中的人物真神奇。比如孙悟空，他会七十二变。如果你也会变，你想变成什么呢？这次作文，就给你一次"变"的机会，请你展开想象的翅膀，编一个故事。在故事里，你可以变成任何人、任何物，并根据故事内容，自己拟个好题目。完成以后，朗读给自己的父母听一听，请他们提一提意见，再认真地改一改。

②学生写作，老师巡视。

设计意图：教师通过明确要求，让学生的认知从感性升华到理性，适当的提示又为创造性地说写提供了新的思路。

2.《我要变》习作评讲过程。

（1）导入。

师：上一课，我们像孙悟空一样尽情地变化，好好地过了一把瘾。我们还大胆想象，编出了有趣的故事。读了你们的故事，韩老师太高兴了，高兴得——拍案叫绝、手舞足蹈、眉飞色舞……（生说）韩老师太佩服了，佩服得——五体投地、啧啧称奇、连连叫好……（生说）你们的积累真丰富，你们真善于想象，而且想象得十分（手指板书）——有趣！

师：今天，我们就一起来分享大家变化的故事和快乐，好吗？

生：好！

设计意图：师生简单对话，营造氛围，适当进行语言积累训练。

（2）活动一：大家共欣赏。

师：先请同学们欣赏——最诱人的题目。自由地读一读！

（展示：《我想变小草》《"别怕，我来救你！"》《聪明的梅花鹿》《小猫大侠客》《小刺猬的奇遇》《小白兔 VS 大猎人》）

师：说说看，题目怎么样？

生：题目真诱人！

生：题目真有趣！

师：它们的作者在哪里？请站起来让大家看看，让我们把掌声送给他们！

师：能像他们一样把自己的题目改得更诱人吗？谁来说？

生：我原来的题目是《我想变成小老鼠》，现在改为《小瘦鼠玩转大肥猫》，这样的题目更能吸引人！

……

师：其实呀，获得这项奖的同学还有很多很多（出示更多题目和省略号），由于地方太小，这里不一一列举了。让我们把掌声送给他们！

师：不仅仅题目诱人、有趣，同学们编的故事也很有趣呢！你最想了解谁的？看了这个题目，你猜猜看，可能会有怎样的故事？

（生尽情猜想，回答略。）

师：你的猜想也很有趣，掌声送给你！好，精彩故事大放送，看看你猜想的跟他编的一样不一样！

（生自由地读）

师：他变成了什么，有趣吗？谁来夸夸他？

（生畅所欲言）

师：你们还想了解谁的？

生：我想了解小禾的《巫婆拯救地球》。

师：猜猜看，可能有怎样的故事？

生：地球被邪恶的外星人占领了，人类处境很危险。巫婆使出神奇的魔法，经过一系列战斗，邪恶的外星人被变成了石头，巫婆拯救了地球，拯救了人类。

师：究竟有着怎样的故事呢？好，地球是我们唯一的家园，有请拯救地球的巫婆——小禾！把你的故事讲给大家听，可以在座位上，也可以到前面来讲。（出示小禾的《巫婆拯救地球》）

师：她变成了什么，有趣吗？她写得怎样？（小红点显示，横线显示）是呀，这一系列的动作描写，说清了她是怎么变的，又是怎么斗的，就有趣多了！编得有趣，评得到位，掌声送给他们！

生：我喜欢佳佳的《魔力小白兔VS大老虎》。她把人们的日常生活情节赋予玩具小白兔，让小白兔像人一样活灵活现，这样想象很有意思！

生：这个故事变什么挺有趣的，干什么也很有趣。情节很完整，语句很通顺，语言也很生动！

……

设计意图：创设对话情境，引导学生欣赏优秀习作，对于初步提高学生的习作能力、满足学生的认同感、激发写作兴趣很重要，同时能让学生发现自己习作中的亮点、创新点，获得愉悦的成功体验。

（3）活动二：我来把把脉。

师：同学们不仅写得生动有趣，评得也很有见解，都是不错的"小医生"！下面就请大家给这篇文章把把脉，看看它写得有趣吗？怎样改就会变得更有趣呢？咱们一起来想想办法！

（生自由阅读，组内讨论评改。）

师：谁来说说看？

生：我觉得变超人的过程应改得更神奇些，可以是吃了一粒从仙鹤嘴里掉下的仙丹，或得到神秘科学家的帮助……这样就有趣多了！

生：超人大战独角兽的过程太简单，打斗的过程要一波三折，打得惊天动地，打得妙趣横生，还要边打边斗嘴，那才有意思呢！

……

设计意图：教师创设平等、自由、和谐的交流氛围，让学生在主动给"病文"把脉中提高能力。

（4）活动三：动手改一改。

师：孩子们，好故事是编出来的，更是改出来的。你们能按照刚才的方法，抓住自己故事中的一两句话，改得更有趣吗？好，开始！

（生自主修改）

师：谁来汇报？可以读一读你修改得最得意的一两句话。

（生读自己修改后的习作，畅谈修改的体会与收获。）

师：她改得怎样？谁来评一评？

（生评议）

师：你觉得他说得有道理吗？能接受他的意见吗？

……

师：快乐的时光总是短暂的。孩子们，文章不厌百回改，好文章都是改出来的。回到教室后争取将自己的文章改得更有意思、更具体些，好吗？韩老师将把你们的文章编成《我要变——想象作文集》，作为《七色光》报纸的主编，我还要向你们征稿，择优发表！愿意吗？

生：愿意！

设计意图：通过上面的赏评，学生已初步掌握评改习作的要领，创设融洽的情境，让他们尝试大胆修改自己的习作，进而逐步提高创造能力，提升习作水平。

三 实践感悟

（一）借助现代教育技术，提升搜集素材的能力

我重点研究的是学生缺少具体情境（行为）感知，或是缺少对情境（行为）深入体悟，不愿表达或难以畅所欲言时，借助语义要素与情境要素的链接，创设多样的情境来感悟范文语言与表达方式，来帮助学生畅所欲言、个性表达，发展学生的创造力。而多样情境的创设，除了语言描述、实物展示，更主要的是借助现代教育技术来实现。因此，教师要注意提炼情境（行为）要素，进而帮助学生进行语义建构，进行语言表达。但凡进入情境（行为）层面后，还要重归语义层面，以锻造学生思维表达的准确性、形象性、广阔性和灵活性。小学生获取信息是依据自身需要主动选取的过程，是在一定情境下与其他事物相互作用的过程。在习作教学中利用现代教育技术的优势，能将丰富的文本信息、逼真的图片资料、动听的音乐旋律、优美的动画形象有机地结合在一起呈现给学生，不仅有利于学生获得鲜明生动的表象，还能唤起学习兴趣，提升小学生搜集素材的能力，为促进学生创造力的发展奠定良好的基础。

1. 培养学生自主搜索的能力。

"问渠那得清如许？为有源头活水来。"学生只有不断搜索、积累到新鲜的素材，写作时才能厚积薄发、信手拈来，这就必须培养学生自觉搜集素材的能力。在作文教学中，教师可以借助于幻灯片、录像等展现一些与写作有关的资料，并告诉学生获取资料的方法，既"授之以鱼"，又"授之以渔"，这样就可以极大地激发学生的兴趣。如在上《我要变》这一课前，我发动学生一起搜集想象瑰丽、语言优美的民间故事和神话传说，并适当交流，让学生了解这类故事的特点，开阔视野，积累一定的语言。长此以往，学生便渐渐养成了主动搜集资料的习惯，收到了良好的效果。

2. 提高学生精细观察的能力。

观察是思维的触角。通过观察，人们可以认识事物的特点、本质和规律。小学生由于受年龄特征的制约，习作前的观察往往呈现出以下特点：第

一，不全面。学生初次观察往往不能看清事物的全貌，比较片面。第二，不深入。由于不够仔细、缺少经验，观察往往流于蜻蜓点水。第三，观察过程中欠思考。针对这些问题，我们可以发挥现代教育技术的优势，通过有关内容的再现，引导学生仔细观察，提高他们的观察能力。为提高学生精细观察的能力，可采取的措施有：（1）借助现代教育技术，引导学生反复观察。将那些稍纵即逝的场景录制下来，通过多次播放、多次观察，看到易遗漏的地方，看得全面些。（2）借助现代教育技术，引导学生抓住重点观察。教师一般可以采用"定格"技术，让学生抓住重点进行细致观察，这样就比较深入了。（3）借助现代教育技术，引导学生带着问题去观察。边观察边思考，往往能收到事半功倍的效果。媒体技术的飞速发展，使观察所见、活动后的反馈乃至当场再现成为现实，学生也就摆脱了浮光掠影的浅表体验，能够对观察进一步梳理与反刍，进一步回忆与品咂，从而透过表象探究本质，使观察更为细腻，思索更为深入，获益也就更多。学生的观察兴趣被激发，懂得观察的重要性，逐步养成细致观察的好习惯，通过观察积累了大量素材，写作文就不会觉得难了，写出的文章也会更真实、生动和具体了。

如果说播放动画片《孙悟空大战二郎神》，主要是激发学生的兴趣、体会变化之多样与神奇，那么播放《雀之灵》，则是引导学生细致地观察，感悟变化之灵动与美丽，进而美美地想、乐乐地说。这一环节，还引发了学生关于"开屏的孔雀究竟是公孔雀还是母孔雀"的讨论，教师通过引导让学生明白了现实与想象、与象征的内在联系和区别，将学生的思维引向深入。

3. 激活学生自由创作的灵感。

小学生的心理特点使得他们对发生在自己身边的事情熟视无睹，平时又缺乏观察生活的能力，再加上生活经历有限，因而写出来的作文言之无物、平铺直叙，毫无灵性可言。现代教育技术在习作教学中的运用，弥补了小学生走马观花的观察局限，能捕捉到其未曾留意或熟视无睹的部分内容，进行精心整理后再呈现给他们看，这就为其提供了更为丰富多彩、细致生动的信息素材，也就巧妙自然地为其拓宽视野、开启思路，也让时空穿越、叠加呈现、随时呈现梦想成真，从人生百态到自然万象，无所不包。如上课伊始，我就借助充满奇幻色彩的背景音乐，带领学生一起穿越时空，变成了自己最喜欢、最熟悉的小动物。学生格外兴奋，畅所欲言，完全进入了角色。现代教育技术既可以显示静止的画面，又可以显示动态的过程，还可以将一个漫长的变化过程进行浓缩。它形象而生动，给学生以强烈的刺激，从记忆深处调出了曾有过的相同或相似的审美经验和生活经历，让学生恍然大悟：原来，这些被忽略的司空见惯的东西都是可以运用的写作素材！从而激活学生的创作灵感，将所见、所闻和所思源源不断地流泻于笔下，发展学生的创造力也就落到了实处。

（二）借助现代教育技术，提升语言表达能力

学生搜集的素材，要借助思维进行内化，并通过语言形式表达出来。写作语言的运用与表达是形成一篇好作文的关键，恰当地运用现代教育技术，可以营造和谐的情境氛围，帮助小学生写出通顺优美的语言，于潜移默化中提升创造力。

1. 丰富表达语言。

在进行习作教学时，可以让学生对着投影展示的画面把看到的和想到的说出来。学生开始叙说时也许语句不连贯、不完整，想象不够丰富、不够清晰，这时可让教师或其他学生你一言我一语地纠正补充，大家展开讨论，相互交流，取长补短；也可以借助录音开展配乐演说、讲故事，不断激励学生想说、敢说，有条理、有文采地说。借助现代教育技术，通过这样的训练，学生很快便能够较为连贯地进行语言表达，然后再过渡到逐词逐句进行讨论斟酌，逐渐形成较完美的表述能力。

2. 模仿媒体语言。

模仿是走向创造的重要途径。在习作教学中，借助于现代教育技术在展示丰富多彩的内容的同时，还可以利用媒体人物的语言、主持人的朗诵，以及相关画面的配音，为学生提供相关的优美形象的范文。让范文为作文引路，不仅能使学生领略到祖国语言文字的形象生动，受到潜移默化的影响，而且帮助学生学会迁移范文的结构、词语和写作方法，从而促进学生从模仿

范文到自己安排作文材料。

3. 展开大胆想象。

丰富的想象力是写好作文的不竭源泉。小学生平时留心生活的能力比较差，更别提去抓住生活本质。这就需要我们借助现代教育技术，创设问题情境，诱发学生的想象。习作之前，如能播放源自生活、精心编辑的视频，就能营造富有针对性的别样情境。这些视频可以将图像、文字和声音直观地展现在学生面前，通过丰富的色彩、栩栩如生的画面、优美的音乐语言来有效地烘托气氛，反映生活，再现生活。

学生借助看、听、想等多种感官，习作思路得以开阔，并能引发联想，使事物得以活灵活现地呈现，进而可以想象其前世、今生与未来，想象其发展、高潮与结局，想象其神态、心理与语言……在充分想象、大胆畅说的基础上，降低习作的难度。例如"我变成小动物"后，究竟发生了怎样的故事呢？这时，教师可以利用课件展示人物和画面，激起学生的兴趣，请学生小组合作为其中的一些角色确立关系，编故事，编对话……五彩缤纷的荧屏、生动丰富的画面、言简意赅的解说和悦耳动听的音乐给学生提供了具体可感的形象，调动了视觉、听觉等多种感官参与活动，禁不住浮想翩翩。学生在合作交流中互相启发，互相补充，使想象更加充实，更加生动，直到编写成一个完整有趣的故事。在这种精心营造的情境中，学生得到了自主学习、充分表现的机会。有了自由想象的空间，想象思维得到引发和锻炼，写作兴趣也提高了，写出的作文也比较充实生动。总之，在教学过程中，教师要经常为学生创设激发想象的情境，引发他们的想象思维，培养他们的创造能力。

4. 引导灵活表达。

在细致观察的基础上，要想把事物的性质、特征说得清楚、明白、准确、生动，给读者留下深刻印象，不能仅仅依靠一种表达方式，必须根据文章的写作目的，运用多种方式，增强文章对读者的吸引力，从而使文章显得绚丽多彩。不同题材，自然有不同的文体与表达处理；同一题材，也可以有不同文体的选用；即便同一内容，也同样可以灵活运用各种各样的方式来表达。如叙述、描写、议论、抒情等均可适时采用，力求构思新颖、表达巧妙。在写作顺序上，可采用顺叙、倒叙、补叙、插叙；结构安排上，可运用先总后分、先分后总、先因后果、先果后因等多种方式；具体语言描述上，应鼓励学生运用丰富生动的词汇、灵活多样的句式、巧妙贴切的修辞，用属于自己的个性化语言来尝试表达所思、所想、所感。如为了更好地介绍变化后的故事，我借助投影仪、音乐、头饰和绘声绘色的讲述展示了范文《老鹰的奇遇》，通过引导让学生明白可以用自述口吻、他人叙述等形式来写这个故事，要讲述得有趣，并注意把语言、动作、神态和心理介绍清楚。由于引导适时而巧妙，学生们写出了形式多样、趣味盎然和各具特色的故事。

（三）借助现代教育技术，提升作文评改能力

习作评点和修改是对学生进行个性化习作能力培养的重要环节，是提升学生创造力的重要途径。借助现代教育技术，能更有效地指导和帮助学生分析、运用写作材料，找出作文的优缺点，从而不断提高作文的质量与水平。因为它能让我们把评改作文训练的主动权交给学生，评改方式由针对个人转向面对集体，师生共改，可以集思广益，取得事半功倍的效果。

在上作文评改课之前，我认真研读学生的习作，选出了"最诱人的题目""最有趣的故事"等优秀作品，供大家课上欣赏评点；同时设计了"我来把把脉"这一环节，呈现反映共性的较差习作《大战独角兽》，上课时借助视频展示台把它们分别投影到屏幕上，由师生共同讨论修改。这样不仅能纠正有代表性的错误，而且培养了学生敏捷的思维能力和流畅的口头表达能力。当然，也可以把学生的习作录入电脑，让学生借助于校园网在计算机上进行作文修改，以达到相互借鉴、共同提高的目的。学生修改习作时，可以边修改，边把自己的思考写出来，通过网络传递给他人。教师则随机查阅每一个学生修改后的作文，把优秀的或是仍有问题的作文再上传到每一位学生的计算机上，通过这样几次反复练习，可以改出满意的习作。在作文修改讲评课中使用现代教育技术，能营造很好的评改情境，不仅有效地调动学生的有意注意和无意注意，调动多种感官协同活动，极大地激发学生的学习兴趣，使学生分析、运用习作素材的能力不断加强，习作水平不断提升，他们

的创造力也得到有效发展。

　　这样的教学流程有情有境，有声有色，充满平等与互动，具有即时性、生成性和高效性，久而久之，必然能使学生形成较强的习作与评改能力，切实促进学生创造力的发展。

　　综上所述，借助现代教育技术创设多样情境，优化习作指导与讲评过程，是提高学生习作能力的有效途径和手段。我们应不断优化现代教育技术与小学作文教学的整合，巧妙营设各类活动情境，激发学生的习作热情与兴趣，切实提升习作能力，着力发展学生的创造力，让作文教学更有成效、更加灵动、更具魅力！

江苏省如东县宾山小学　韩士新

老鹰的奇遇

一天，几只小鸟在咱们桂苑里飞了几圈，停在桂树上叽叽喳喳地交谈着。我好奇地跑过去偷听。"吧嗒"一声，从桂树上掉下了一颗金色的果子！好香啊，散发着浓浓的桂花香味！我一口就吞了下去。啊！我突然变轻了，全身一阵发痒，长出了密密长长的羽毛，背上一阵发热，伸出了一对巨大的翅膀……啊！我变成了一只老鹰！

我振翅一跃，飞上了蓝天。飞呀飞呀，我看到一只可爱的小猫咪在垃圾桶旁找吃的。突然，"嘀嘀——"一辆汽车从这里驶过。小猫咪吓了一跳，猛地一窜，呀！被垃圾袋紧紧裹住了，分不清东南西北，怎么挣扎也出不来。"喵呜——""喵呜——"这叫声仿佛在呼唤："救救我吧！救救我吧！"我立刻化身为愤怒的小鸟，"呼——"地冲了过去，只听"啪！"的一声——塑料袋碎了，小猫咪得救了。而那纷飞的碎片呢？我扇扇翅膀，化作了飘香的桂花雨。你听，"喵呜——""喵呜——"小猫咪叫得多开心啊！

我又飞上了蓝天……这就是我——一只老鹰的奇遇。

情境建构与学习心理场营造

——以苏教版一年级数学《认识人民币》为例

一 实践理念

根据脑科学研究最新成果，创设情境可以有效提升课堂效率。情境创设在语文教学中已经普遍存在，通过实践，大部分语文老师都能感受到语文情境教育的重要性和必要性。在数学课堂上能否创设情境呢？有的老师认为，数学不就是几个数字、几条公式，没有情感，如何存在情境？有的老师敢于探索和创新，但不少情境牵强附会，并不能达到很好的课堂效果。

儿童教育家李吉林的话给了我很大的感触："知识产生于特定的情境中，是人类在具体的情境中发现，并逐渐发展起来的。离开了特定的情境，知识就成了文字符号，没有了存在的意义，知识都是产生于一定的情境中。我们大家熟悉的阿基米德浮力与比重的定律，牛顿的万有引力定律都是在情境中产生的。"[1]是啊，每个知识的产生都有它的背景，这不就是它的情境吗？每个知识的存在都是有感情的。数学是在生活中存在并被发现的，将数学知识紧密融合到生活中，让学生探究实践，感受真知，让他们在生活的大背景下接受数学，体会到数学的乐趣。

---

[1] 李吉林：《情境教育三部曲（一）》，教育科学出版社，2013 年版，第 9 页。

上个学期，我上了一节《认识人民币》的公开课。经过多次磨课，我对情境教学又有了较深入的理解和思考。情境教学是指在教学过程中，教师有目的地引入或创设具有一定情绪色彩的、以形象为主体的生动场景，以引起儿童一定的态度体验，从而帮助儿童理解教材，并使儿童的心理机能得到发展的教学方法。

二 课堂实践

《认识人民币》是苏教版一年级下学期的一节课。为了符合一年级孩子的发展特征，适应一年级学生的认知水平，我创设了以下情境。

（一）故事导入

师：小朋友们，今天这节课来了一位小嘉宾。瞧（嗨，大家好），她叫叮叮，来自森林王国，想参观森林王国吗？

（播放视频）

师：小动物们要买这些物品就得——

生：付钱。

师：在中国通用的钱叫人民币。今天这节课，我们就一起来认识几种小面值的人民币。

（二）教学新课

1. 认识人民币。

（课前，给每组同学都发了一个盒子，"小小银行"里就藏着人民币。）

师：孩子们，来认识一下人民币。

师：我们先来认识1元，谁找到了？举起来让老师看看。

（小朋友们都拿出了这两种人民币。课件出示两种1元，一种是纸币，一种是硬币。）

师：（边说边贴）你是怎么看出来的？谁做光荣的小老师向大家介绍介绍？

（学生可能介绍：A 这里有数字 1，这儿有字，是"圆"。B 这里有两个字"壹圆"。）

师：看到"1"就是 1 元吗？还要关注什么？

（生回答）

师：说得真好，我们可以结合数字和汉字来认识人民币。掌声送给他！

师：认识完了 1 元，你还认识了哪些角的人民币呢？谁上来给大家介绍？

（生介绍）

师：最后我们来认识一下面值最小的人民币——分。

（课件出示 5 分、1 分、2 分。）

师：谁能边介绍边给它们排排队？

师：刚才我们认识了很多人民币，能不能把它们分分类？

（预设：把 1 元放一起，1 角、2 角、5 角放一起，1 分、2 分、5 分放一起。）

师：是呀，我们可以把相同单位的放在一起，真厉害。

（预设：把纸币放一起，硬币放一起。）

师：对了，用纸做的是纸币，这些是硬币。（用手势指一指）

师：还可以怎样分？

（预设：把 1 元 1 角 1 分放一起，2 角 2 分放一起，5 角 5 分放一起。）

师：瞧，这里只有 1、2、5 三个数字，如果我要付 3 角该怎么办呢？

（生回答）

师：小朋友真会思考！是呀，我们可以结合不同的人民币进行付款。

师：看来，分类标准不同，结果也不同。

师：老师这里有几个信封，猜猜信封里藏着哪些人民币。

（信封一：出示 1 元纸币的一角）

师：有数字 1 就是 1 元吗？也可能是 1 角啊。

（预设：1 元是绿色的，1 角是褐色的。）

（信封二：出示 5 角纸币的反面）

师：你是怎么看出来的？（预设：看到了有数字 5，还有角。）

师：嗯，你真会观察。

（信封三：就一个信封）

师：这个信封里藏着一个面值最小的人民币，猜猜它是——

（生回答）

师：是呀，不同的人民币除了数和单位不同，它们的颜色也是不一样的。

2. 教学进率。

（教学 1 元 = 10 角）

师：瞧，国王来了，他来给小动物们发奖学金了。

（课件显示：小熊看上去很得意，他说："哈哈！我有好多张呢！"小狗好像很委屈，怎么啦？他说："呜……我只有一张。"）

师：我们帮小狗数一数。（课件）这是一张 ____？（生：1 元）接着看小熊的（课件）这是一张 _____？（生：1 角）猜猜小熊的奖学金一共有几角？来，咱们一起数一数。（课件）1 角，2 角，3 角……10 角！

师：他们谁拿的奖学金多呢？

（预设：他们拿的一样多。）

师：也就是说 1 元 =10 角。（板书，再齐读）

师：小鸭当当也拿到了奖学金，瞧，他满 1 元吗？

（预设：不满。）

师：咱们一起来数一数，1 角，2 角，3 角……8 角！比 10 角多还是少？再填上几角就满 1 元了？

3. 教学 1 角 = 10 分。

师：刚才我们知道了 1 元 =10 角，那 1 角 = ？分呢？

生：10 分。

师：是呀，1 角可以换成……（咱们一起数）

（课件演示，学生一齐数。师板书：1 角 =10 分，齐读一遍。）

（三）巩固练习

1. 自主练习单。

师：刚才我们认识了元角分以及它们之间的进率，接下来我们来练一练。

（课件出示整张练习纸）

2. 文具超市购物。

师：瞧，森林王国的超市里还有各种各样的文具呢。我们先认一认商品和价格好吗？

（铅笔 4 角　直尺 6 角　透明胶 3 角　刻刀 1 元　练习本 5 角）

师：咦，缺练习本的标价。练习本比铅笔（4 角）贵，比直尺（6 角）便宜，是几角呢？（出示）恭喜大家猜对了！

（1）不找钱。

师：陈老师也有这些商品，看，你想买什么？

生：我想买 4 角的铅笔。

师：好的，我这有（举起铅笔），想买东西你得付钱啊，你得给我多少？

师：小朋友们，他给得对吗？（对）行，铅笔卖给你。

师：谁还想买？

生：我想买 6 角的直尺。

师：好的，那你来。小朋友们，瞧，他给得对吗？

师：谁还有不同的付法？我把这把直尺也卖给你。

（2）找钱。

师：陈老师有 1 元钱（举出来），看到这么多漂亮的文具，我也忍不住想买，可这里没有营业员，谁来当小小营业员？

（一生扮演）

师：营业员，你好！我想买一把直尺。

生：一把直尺 6 角钱。

师：喏，给你 1 元钱！（生去拿零钱）他干什么呢？

生：找钱。

师：他应该找给我多少钱？（4 角）你是怎么想的？

师：瞧，购物游戏真有意思！你们想玩吗？

（生玩购物游戏）

师：陈老师这儿有 1 元钱，我正好可以买到哪两件商品呢？

生：一把直尺和一支铅笔。

师：你是怎么想的？

生：6角+4角=1元。

师：瞧，超市里又来了一些新商品。哇，这张邮票真漂亮，多少钱？

生：1元2角。

师：买这张邮票可以怎么付钱呢？

（学生上台边说边数硬币）

师：还有不同的付法吗？

（预设：1元+2角　5角+5角+2角　12个1角　5角+7个1角……）

师：看来，1元2角的付法真多。

（四）总结延伸

师：时间过得真快，一晃1个月过去了，树林里的小动物们都怎么样了呢？

（课件）小熊大吃大喝，把钱花光了；小鸭把钱存进了储蓄罐，舍不得用，每天都要数一数；小鸡攒钱开了一家玩具店，生意红火，挣了好多钱，他还帮助了生活上有困难的小动物呢！

师：今天，我们一起认识了人民币……看到你们表现这么棒，国王奖励你们一个视频，一起来欣赏一下。

……

课一开始，我举起一个可爱的手偶配合着手势和学生打招呼，娃娃是学生比较喜欢的玩具，学生立刻就睁大了眼睛表现出兴奋。再把他们带入森林王国，把日常生活中的购物情境用一连串的故事情节串联起来。以一开始出场的叮叮为主角拍一个视频，使学生的情绪一开始就处于一个比较亢奋的状态，视频最后出现了一个问号，在这样的情境引导下，孩子们会产生思考，并激发求知欲，感受到数学其实与生活是紧密联系的。我的整节课都是在这个故事情境下进行的，没有脱离故事情境，孩子们一直在情境中学习。如果你只是创设了开始的情境，后面纯粹讲公式、讲知识，完全脱离了情境，孩子就会觉得枯燥无味，情境创设也牵强附会，是无用功。情境教学讲究学生的积极状态，倡导把学生带到生活中去，让学生在实践体验中认识数学、喜欢数学。

三 实践感悟

一年级孩子的注意力本身就不集中，而单一的教学会使课堂枯燥乏味。为了激发学生的学习兴趣，教师可以根据不同的教学内容创设不同的问题情境。把人民币分类，就要仔细辨认人民币。这一探究活动不单单是让学生分类，而是在分类过程中，让他们学会思考。分类方法不局限于一种，不同的学生会有不同想法，不同的思考放在一起就能碰撞出不一样的火花。在课堂中，孩子各种各样的表达给了我很大的启示，孩子天生具有创造力，孩子是喜欢创造的。孩子们此时的创造并不意味着会发明什么，但我们要努力保护他们的创造欲望、创造活力和创造精神。

儿童的思维是从动手开始的，要解决数学知识的抽象性和学生思维的形象性之间的矛盾，就要让学生动手操作，从而发现新知，感受学习乐趣。我在这一活动环节中，创设了一个购物的情境，回到了最初的问题——怎么付钱。这一学习过程就是"发现问题—提出问题—探究问题"的过程。用实际物品吸引孩子购买，引发孩子思考，并进行简单的钱币计算，开拓了学生的思维。这节课学到的知识在这里得到应用，学生购物成功后获得了成功的喜悦，体会到数学的魅力，课堂的氛围进入高潮。"数学情境是由师生共同营造的一种蕴含着教育者意图、有利于进行数学活动，提升数学素养的美、智、趣的学习性场域。"[1]实践证明，优化的数学情境能有效促进学生创造性思维和数学素养的发展。

江苏省南通市海门区实验小学　陈晨

---

[1] 王灿明，等：《情境教育促进儿童创造力发展：理论探索与实证研究》，中国社会科学出版社，2019 年版，第 204 页。

在优化的情境中激发儿童的创造力

——以苏教版二年级数学《认识角》为例

一 实践理念

《义务教育数学课程标准（2022 年版）》提出："注重发挥情境设计与问题提出对学生主动参与教学活动的促进作用，使学生在活动中逐步发展核心素养。"由此可见，情境的创设是非常重要的。小学生天真活泼，如何让他们积极主动地参与到课堂中来，如何激发他们学习的潜能，很重要的一点就是创设他们喜闻乐见的教学情境。在生动有趣的教学情境中学习，学生的身心得到放松，就会积极主动地探索知识，创造潜能就会被大大激发。

二 课堂实践

（一）创设生活情境，初步感知角

师：小朋友们，你们都是少先队员，那你们知道少先队员的标志是什么吗？

师：红领巾是我们的好朋友，它每天都陪伴着我们，我们要爱护它。仔细观察一下，你发现红领巾上有什么？谁来指一指。

（指名一位学生上来指一指，教师关注学生指角的方法，但不予评价。）

师：（用布遮住，只剩一个顶点）现在你能看出是一个角吗？你觉得还要露出什么才是一个角？

（小结指角的注意点，并让学生跟着老师指一指。）

师：红领巾上还有其他角吗？谁上来指一指？

（教师关注学生是否用正确的方法指角，如果不对，及时请其他学生纠正。）

师：这节课，就让我们一起走进角的王国。（板书课题）

（二）创设童话情境，进一步认识角

1.学习"例1"。

（1）找一找。

师：瞧，红红和明明也随着我们一起来到了角的王国，他们也在找角呢！谁来帮他们一起找？（指名学生上来指一指找到的角。）

师：刚才大家在三角尺、纸工袋、小闹钟上都找到了角。如果我们给这些角脱去外衣，再标上角的标记，就变成了数学上的角。

（学生观察 PPT 演示角从实物上抽象出来的过程）

（2）学一学。

师：角的各部分还有自己的名字呢。请大家自学书本第 84 页中间的内容，看看谁最先知道。

（学生独立自学书本第 84 页中间的内容，教师巡视指导。）

（指名学生上台介绍，并指一指角的顶点和边。）

（3）画一画。

师：如果要画一个角，先画什么？（板书：顶点）再画什么？（板书：边）最后再标上标记，表示这是一个角。请伸出手来，跟老师一起做标记。

（引导学生画完以后要做上角的标记，并明确以后指角也可以这样指出小圆弧就行了。）

师：看，这些角样子不同，但都有什么？

（出示"角有一个顶点和两条边"，让学生齐读一下。）

（4）摸一摸。

师：看来大家都已经认识这位好朋友了，那咱们就和好朋友来一回亲密接触。来，拿出一把三角尺，找到一个角，摸摸它的顶点和两条边，看看有什么感觉。

2. 辨一辨（"想想做做"第1题）。

师：角的王国要进行身份辨认，国王想请同学们帮帮忙，把冒名顶替的找出来！你们乐意吗？

师：第1个，指出顶点和边。（旋转第一个角）现在还是角吗？这样呢？

（小结：看来，不管位置怎么变化，只要它有一个顶点和两条边，它就是一个角。）

师：第2、4个，为什么不是角？怎么改就变成了一个角？

3. 数一数（"想想做做"第2题）。

师：看来大家对角已经有了更清晰的认识，那下面的题目肯定难不倒你们了，有信心吗？我们的新朋友可调皮了，它喜欢藏在图形中，你能找到它吗？数一数，填在括号里。

师：谁来汇报？第一幅图怎么只有1个角？现在咱们重点来看后面三幅图，如果我们把这条弯曲的线变直，几个角？看看又有什么发现呢？

师：那八边形呢？十边形呢？

4. 试一试。

（1）探索奥秘。

师：其实角的王国里还隐藏着许多秘密，小朋友们还想不想了解？这一次，老师想让大家自己探索奥秘，你们乐意吗？（出示"导学单"）

我来比一比——用提供的材料做一个角，和同桌比比谁的角大一些。

我来变一变——试试把这个角变大一些，再变小一些。

我来说一说——角的大小和什么有关？和同桌说一说。

师：哪组同桌来交流第一个问题？

师：刚才他们是怎么比两个角的大小的？

师：谁来交流第二个问题？拿出活动角，带着大家一起把角变大，再变小。

（让一名学生带着大家先把活动角变大，再慢慢变小。）

师：从刚才的研究中，你们发现角的大小和什么有关呢？

（小结：角的大小和两条边叉开的程度有关，两条边越是叉得开，角就越大。）

（2）蓝角与白角的争论。

师：可是，在角的王国里，蓝角和白角却为谁大谁小争论起来。同学们，咱们当一回小裁判，来评评理吧！（学生说说各自的想法）

师：咱们来比一比，你有什么发现呢？现在，你想对蓝角和白角说什么？

（三）创设操作情境，巩固对角的认识

师：刚才小朋友们勇闯角的王国，表现真棒！现在咱们一起回归生活，用所学的知识解决生活中的数学问题。

1. 找一找。

师：生活中，你见到过这样能变大、变小的角吗？（让学生举例说说，比如纸扇、剪刀）

师：看，扇子在慢慢打开，扇面上的角怎样了？合拢剪刀时呢？

2. 比一比。（"想想做做"第3题）

师：现在你能快速判断下面钟面上时针和分针形成的角哪个最大、哪个最小吗？你是怎么想的？（引导学生利用钟面上的格子来思考或者看两条边张开的程度。）

3. 比一比（"想想做做"第 4 题）。

师：想一想，这两个角的大小怎么比？要注意什么？

（小结：虽然是两把大小不同的三角尺，但只要两条边张开的程度一样，这两个角就一样大。）

4. 创造角。

师：小朋友们，刚才我们认识了角，你想创造一个角吗？看一下活动要求，谁来读一读？

活动要求：用准备的材料创造角，比一比哪组小朋友最有创意，创造的角最多！

（学生独立动手创造，教师在前面展板上贴出学生的不同作品，展示学生的创造力。）

5. 欣赏生活中的角。

师：同学们，今天我们一起认识了角。生活中，你找到角了吗？

师：其实，我们就生活在角的世界里。冬天来了，大雪纷飞，角减轻了厚厚的积雪给房屋的压力；蔚蓝的天空中，有了角，风筝可以飞得更高；新栽的小树，有了角的支撑可以茁壮成长；赛场上，角带给我们骄傲与自豪；苏通大桥，角带给我们美的享受；鸟巢上的角就更多了；中国国家馆上有了角，更显得雄伟壮丽；就连世界七大奇迹之一金字塔上也有角；在我们的校园里，角默默地陪伴着我们。

（欣赏生活中角的图片，让学生感受到角就在我们身边。）

（四）儿歌总结，拓展延伸

师：这节课我们认识了哪位新朋友，你有什么收获呢？

师：老师编了一首角的儿歌送给你们，咱们一起来读一读。

（出示儿歌：角儿角儿真奇妙，有的大来有的小。一个顶点两条边，比比画画都知道。）

智力达冲浪：数一数下面图形中有几个角？

三 实践感悟

（一）生活情境，以熟引思

　　心理学研究表明，学生的学习内容和他们所熟悉的生活背景越是接近，学生自觉接纳知识的程度就越高。在课堂教学中，教师要善于寻找生活中的问题，真正把生活情境与数学知识紧密联系起来。上述课例中，学生从熟悉的红领巾入手，找到了上面的角。为了让学生掌握正确的指角方法，即先摸顶点，再从顶点出发分别摸两条边，我用一块布遮住，只剩一个点，从而让学生明确，要完整地指出一个角，不仅要指一个顶点，还要指出两条边。像这样，在熟悉的生活情境中学习，学生倍感亲切，他们的思维能力、想象能力都得到了最大程度的激发。

（二）童话情境，以趣激情

　　苏霍姆林斯基指出，课堂上，教师要想方设法让学生形成情绪高涨、智力振奋的内部状态。确实，如果学生能产生情绪高涨的状态，那么他们的注意力会高度集中，想象力会更加丰富，从而产生一种强烈的创造冲动。在认识角的过程中，我创设了一个童话情境，引领学生畅游"角的王国"，学生一边游玩一边认识角这位新朋友，并帮助国王找"冒名顶替"的角，数数参加运动会的角朋友有多少。这些充满激情的童话情境让学生兴趣高涨，他们积极主动地思考、探索，提高了学习活动的有效性。

（三）问题情境，以疑促思

　　有了问题，数学学习才有明确的方向。在平时教学中，我们要注重培养学生的问题意识，善于营造学生感兴趣的问题情境，让学生在问题情境中探索、思考、解疑、释疑，充分调动学生学习的主动性，使他们真正参与到课堂中来。《认识角》这一课例中，关于角的大小和什么有关，这是学生学习过程中的一个难点。为了有效突破这一难点，我创设了合适的问题情境，引导学生在自主探索、合作交流的过程中轻松攻克了难点。

（四）操作情境，以动激创

"在发明创造活动中，有时一个技术问题摆在人们面前，尽管人们已将注意、观察、记忆、思维、想象都参与进去，仍收效甚微，但此时若动手摸一摸、拆一拆、拼一拼、装一装、试一试，然后再画一画、算一算、写一写、想一想，就可能得到启发。"[①] 可见，动手操作的重要性是不言而喻的。在数学课上，我们应该为学生创造更多的动手操作的机会，引导学生在动手实践过程中提出问题、思考问题、解决问题。在手脑并用的情况下，学生的思维、动手操作能力都会得到很大提升，很多发明创造就是在这样的情境中产生的。上述课例中，我为学生创造了动手操作的机会，安排了变一变、比一比、找一找、创造角等实践活动，让学生动起来，鼓励他们敏锐观察，大胆探索，互动交流，不断创新。只有学生动起来，课堂才会充满生机和活力。

江苏省南通市海门区实验小学　陶红梅

[①] 周耀烈：《思维创新与创造力开发》，浙江大学出版社，2008 年版，第 266 页。

基于儿童自主探究的游戏情境建构
——以人教版一年级数学《找规律》为例

一 实践理念

新课程改革要求教师应从关注"教"转向关注"学"，从而进一步转向关注"人"的发展。在教学《找规律》一课时，注重让学生自主地参与数学活动，通过一个大的情境，衍生出一些丰富的学习活动，使学生在经历有趣生动的情境过程中，能充分地体验规律、感悟规律、应用规律，同时还获得一些数学的思想方法以及积极的情感体验。

（一）学习背景

探索规律这个学习内容编排在小学数学人教版一年级下册第八单元。《义务教育数学课程标准（2022年版）》中提出："引导学生在真实情境中发现问题和提出问题，利用观察、猜测、实验、计算、推理、验证、数据分析、直观想象等方法分析问题和解决问题。"教材注意凸显这一要求，在本单元里安排了联系学生的生活实际去寻找图形，寻找一些数字的简单排列的内容，让学生自主尝试找规律，想重点体现课堂活动性、探究性强的特点，整个过程中学生经历观察、猜测、操作、分析和推理活动，从而探索发现规律。我们知道，兴趣是最好的老师，整节数学课，能否激发学生的学习兴趣，直接影响着课堂教学的效率。因此，我将所有的知识点贯穿于孩子们热衷的喜羊羊运动会这样一个大的情境中，学生的学习兴趣一下子被激发出来，这种状态下的学习是主动、自觉、轻松的。

（二）学习目标

1. 结合喜羊羊运动会的情境，帮助学生发现事物中隐含的规律，对数字、图形，包括其中有颜色、形状的排列规律有初步认识。

2. 通过感受探索、发现和自主创造出规律的全过程，培养学生的推理能力，同时能有序、清楚地表达内心的观点和想法。

3. 能运用简单的规律解释一些现象，感受到数学与生活紧密联系，并在合作学习中逐渐形成评价和反思的意识，培养学生发现并欣赏数学美的习惯。

二 课堂实践

（一）创设情境，感知规律

师：小朋友，你们最喜欢的喜羊羊来到了咱们课堂上，你们瞧。（PPT 出示喜羊羊图片）今天，喜羊羊想和咱们玩"猜一猜"游戏，你们愿意玩吗？

追问1：（喜羊羊和灰太狼）下面是喜羊羊还是灰太狼？你是怎么猜出来的？

追问2：（喜羊羊、灰太狼、羊村长）接下来是什么？你是怎么知道的？

追问3：（水果）为什么前面猜得到，这次却猜不到呢？

师：是啊，咱们知道前两道题是按一定的顺序有规律地排列，所以猜起来比较简单。在我们的生活中也常常会碰到有规律的事物。今天，咱们来学习——找规律。

> 设计意图：兴趣是最好的老师。课开始出示喜羊羊和灰太狼的图片，学生的学习兴趣一下子被激发出来，使学生积极主动地投入到整个数学学习中来。

（二）自主探究，认识规律

1. 教学例题。

师：最近羊村里可热闹了，马上就要开喜羊羊运动会了，你们想去参加吗？
那王老师带来了喜羊羊运动会的入场券，想要吗？（多媒体出示）

师：那得把这几道题解决了。（出示4道题）观察一下有什么想说的？

师：那你有信心解决吗？赶快拿出信封中的入场券涂一涂或画一画。

2. 交流例题。

师：大部分同学都完成了，那就来说说你们找到的规律吧。第一题，谁来？

预设：我们发现：绿红、绿红是有规律地出现的，因此绿后面该是红色。（结合课件展示）

师：一绿、一红称作一组，这样一组、一组重复排列，我们称为有规律排列。

师：下一题，谁来？说说你的理由。（配合课件出示）

（生答）

师：听明白了吗？

师：第三题。

师：后面两格应该画什么呢？为什么？

师：这道题和上两题还有些不同呢，上面是几个一组？这次是几个一组？

师：最后一题谁来说说？

师：这次是几个一组？

师：看来，咱们所说的规律有两个一组的，也有三个一组的，还有四个一组的，那还有怎样的呢？

师：哪些小朋友4道题都答对了？恭喜你获得喜羊羊入场券，用自己的方式鼓励一下自己。

设计意图：学生是学习的主人，而教师是组织者、领导者。因此，课堂上让学生主动先学，大胆尝试，耐心探究，乐于合作。学习过程中的交流活动，引导学生积极踊跃地交流，态度大方，声音响亮，大胆质疑，勇于争辩。与此同时，让孩子学会倾听时安静，参与时热情，交流时懂得尊重。也就是说，学习中不仅关心自己，更要学会关心他人，在合作学习中增进情感。通过自主学习、合作交流和老师的提炼，学生掌握了这节课的重点，知道什么是规律，了解掌握规律的特点。

3. 发现规律。

师：刚刚课开始的时候，这个咱们没有猜出来，因为没有规律，那你能把它变得有规律吗？小组成员商量商量。

（学生说规律）

（三）练习巩固，加深认识

1.涂一涂。

师：看见喜羊羊和聪明的小朋友成为好朋友，灰太狼心里可难受了。瞧，他还带来了一组题考考大家呢，你们有信心接受挑战吗？

师：1号同学带领小组成员交流，每人分配一道题。

师：组织小组交流汇报。

2.演一演。

师：你们真是太棒了，可是灰太狼还不罢休，拿出了第二招。

师：你能用不同的动作和声音把这些规律表演出来吗？

师：能吗？

（学生独立表演第一个规律）

师：剩下的两个，请2号同学带领组员任选一个进行表演。

师：看着同学们的精彩表演，灰太狼灰溜溜地走了。

设计意图：学生的数学学习是一个再创造的过程，学生的再创造是数学学习的本质。学生的自主探索，动手实践，表演规律，把所学的知识进一步拓展，让学生能自主地再创造不同规律，旨在培养学生的动手能力、表演能力，激发其创造意识。

3. 寻找生活中的规律。

师：课件欣赏生活中的规律。（播放课件）

（四）回顾反思，总结提升

小结：正是因为生活中存在着很多排列有规律的物体，咱们平时的生活才会这样美丽、多彩又丰富。最后让我们一起去参加喜洋洋运动会吧。

设计意图：数学来源于生活，又服务生活。在教学中，我把知识进行拓展，让学生纷纷举出生活中有规律的事物。通过寻找生活中的一些常见规律，使学生充分感受到数学就在身边，对数学产生一种亲切感。

三 实践感悟

（一）情境激发兴趣

好奇，是绝大多数儿童的天性，情境能激发学生学习数学的兴趣。一年级孩子，活泼好动，思维十分开放、灵活，但是他们的注意力集中的时间却较短，需要教师创设有趣又能吸引人的学习情境。因此，本课的课堂教学针对学生已有的认知水平和知识经验，合理创设喜羊羊运动会这样一个大的数学情境，让学生产生新鲜感和求知欲。在设计这节课的时候，我紧扣大情境，由易到难，逐步提高层次，在导入新课时，创设喜羊羊与灰太狼排队的情境，引导学生观察大屏幕上喜羊羊与灰太狼的排列规律，通过孩子们熟悉的两个动画片主角，激发他们的求知欲和学习兴趣，初步感知规律；接下来通过闯关游戏这一情境，让孩子们自主地去认识规律，知道有规律的排列是事物一组一组的重复排列。

（二）实践促进创造

课堂活动时，教师要鼓励学生积极地动口说、动手数、动手摆、动手画、动脑想。整个过程中将枯燥被动的学习变为主动的学习，让学生从大量的感性认识中逐渐抽象概括出"规律"这个数学概念，同时也能理解、掌握规律概念的本质，从而激发学生的学习兴趣，使学生乐于学。学生认识规律之后，我又让他们投入动手创造规律这一环节，他们在小组中自主用三角形、正方形、圆形去摆一摆规律，同时让他们用自己的动作和声音来创造规律，最后再去寻找和欣赏生活中一些有规律的事物。在设计教学活动时，尽量让学生把所学到的数学知识和经验直接运用到生活中去，使他们非常自然地体会到数学令人赞叹的应用价值，激发学生进一步学习数学知识的兴趣，积极主动地去学习数学。

这节课，师生共同沉浸在喜羊羊运动会这样一个大的情境中，从开始到结束，我都一直引导学生去主动观察、积极动手、充分体验、大胆创造，竭尽全力地培养学生独立思考的习惯，同时学会合作交流，自主探究，师生互动、生生互动成为课堂的主旋律。

江苏省南通市海门区实验小学　王敏华

IV

思的
追寻

儿童教育家李吉林把"以'思'为核心"作为情境教学操作要义之一。因为她发现想象在发展儿童思维方面有特殊作用，在情境中，儿童的想象力是极其惊人和奇妙的。这让她深感儿童的思维是长翅膀的，儿童的思维是会飞的；"优化的情境不仅是物质的，情境中的人所抒发的、倾诉的、流露的、交融的情感会直接影响儿童的内心世界，进而影响儿童潜能的开发。"[①]小学教师要努力把握儿童潜能开发的最佳时期，从审美、情感、思维空间三方面开发儿童的创造潜能。

"思的追寻"板块包含课题实验中形成的7个课例。在实用文阅读教学方面，宋国华老师的《埃及的金字塔》课例，引导学生细读文本，读出文字背后所包含的情思、贴紧语境中描写的对象，联系本段乃至本文的中心语义，体会感悟；启发儿童基于链接语义，展开想象，提高儿童的想象力和语言表达能力。吴四海老师在《谈礼貌》课例中，注重创设言语学习的情境，在观点提炼、文体结构、语言表达的感悟中学说理之"文"，明语文之"理"，悟表达之"法"，揭开说理文的"密码"，实现"思"与"言"的共生。

① 李吉林：《情境教育的独特优势及其建构》，《教育研究》，2009 年第 3 期。

戴春老师执教的《认识百分数》课例、季锦燕老师执教的《认识小数》课例中，分别巧妙地创设了一系列问题情境，引导儿童发现并提出问题，通过分析、归纳、推理和比较等创造性思维活动，帮助儿童建构百分数、小数等数学概念。薛志华老师在《两位数除以一位数》课例中，能充分利用儿童已有的数学知识和生活经验，通过创设生动有趣的数学情境，引导儿童积极参与、主动思考，唤醒儿童的创造意识，培养其创造性思维能力。

　　王胜华老师在《组合图形的面积》课例中，通过创设问题情境，引导儿童探寻不同的解题方法，在分析比较中自觉完成解题策略的选择与优化，使他们思维的发散性、灵活性和批判性得到了历练。徐斐老师所开发的《思考与创造》数学思维训练课，通过创设"算式游戏""移动小木棍""王子施舍钱财"等情境，激发儿童的创造动机和创造性思维，让他们在情境中自我探索、积累数学经验，逐步掌握如何思考的数学智慧。

　　让我们研读上述课例，看看实验班教师如何匠心独运，以"思"为核心，以优化的情境激发儿童的思维、开发儿童的创造潜能的。

基于链接语义发展儿童的想象力

——以苏教版五年级语文《埃及的金字塔》为例

一 实践理念

《义务教育语文课程标准（2022 年版）》在"总目标"中提出："积极观察、感知生活，发展联想和想象，激发创造潜能，丰富语言经验，培养语言直觉，提高语言表现力和创造力，提高形象思维能力。"想象力比知识更重要，没有想象就没有发明创造。思维活动离开了想象，就成了枯萎的枝干。儿童教育家李吉林明确指出："以发展思维为核心，着眼创造性。"在语文教学第一线的老师们，对情境教学已经耳熟能详，并一直在实践着、研究着。多年的教学实践让我们清楚地认识到情境是儿童认知世界的窗口，情境性语义链接是作为思维内容打开儿童创造力的另一扇窗。

在语文教学中，我们要求学生细读文本，研读文本，读出文字背后所包含的情感，就一定要贴紧语境中描写的对象，然后才能联系本段乃至本文的中心语义，更好地体会感悟，以求与文本中的主要人物产生心灵的共鸣。同时，要适时地紧扣文本的关键词句，不断训练，引导学生养成想象的习惯，不断提高学生的想象能力和语言表达能力，从而更好地实现有效教学。

二 课堂实践

(一) 创设现实情境，激发语义冲动

（教学《埃及的金字塔》一文时，为了让学生能更好地了解金字塔，我首先播放了一段视频，在一段古典音乐的渲染下带领学生近距离欣赏了古埃及金字塔，然后进行讨论。）

师：看完这段视频，谁来说一说埃及金字塔给你留下了怎样的印象？

生：埃及金字塔高耸入云，金碧辉煌，真让人由衷地赞叹。

生：埃及金字塔雄伟壮观，让人神往。如果能亲眼看一看这宏伟的建筑，一定会终生难忘。

生：埃及的金字塔巍然屹立在茫茫的沙漠之中，真是个伟大的奇迹。难怪书上说埃及的金字塔举世闻名。

生：古代劳动人民智慧超群，真了不起。几千年前，科技不发达的情况下，他们竟然能建造出这么雄伟坚固的金字塔，真是令人叹服！

生：我们中国也是四大文明古国之一，因为我们不仅有故宫，还有长城。我们中国的这些建筑也是举世闻名的古建筑。

(二) 打开心智情境，链接中心语义

（虽然视频提供了现实情境，但与身临其境毕竟有着天壤之别。要体会金字塔的宏伟和劳动人民的智慧，还得联系学生的生活实际，打开学生的心智情境。下面的环节，一组相似的情境，促使学生的思维产生聚合。学生就很自然地将"据说"的语义表达与自己头脑中"充满智慧的劳动"的观点建立了稳固的联系。）

师：这座金字塔高吗？有多高？

生：高 130 多米，相当于 40 层高的摩天大厦。

师：我们学校教学楼是几层？那埃及金字塔是教学楼的几倍高？

生：教学楼有 4 层。

生：哇，有教学楼的 10 倍高呢！

师：你能读出金字塔的高大雄伟吗？

（生读）

师：你读出了金字塔的高大雄伟，让人仿佛身临其境。读完这段话，你的眼前仿佛出现了什么？

生：读完这段话，我的眼前仿佛出现了一座高不可攀的金字塔。

生：我仿佛看到无数的劳动人民在辛勤地劳动。

师：是呀，他们每天都在不辞辛苦地劳动着，你看：

烈日炎炎的夏天里，没有一丝风，他们在——

滴水成冰的冬天里，雪花飞舞，他们在——

狂风暴雨突然来临，到处飞沙走石，他们在——

师：古埃及劳动人民为了建造埃及金字塔花费了无数的心血。可以说，埃及金字塔是古埃及人民汗水的结晶。但仅仅付出辛勤的汗水就能建造出这举世闻名的金字塔吗？

生：不能，还需要智慧。

师：是呀，建造这么一座宏伟的金字塔不仅需要大量的人力、物力和财力，更需要足够的智慧。金字塔里凝聚着古埃及人民多少智慧呀！那么，从课文中的哪些词句里你可以体会到金字塔凝聚着古埃及人民的智慧呢？

（小组交流）

师：当时没有起重机，他们想到了用什么办法来一层一层地往上垒石头的？

生：他们先在地面上砌好第一层，然后堆一层同样高的倾斜土坡，人们可以沿着倾斜的土坡把石头拉到第二层上面。这样一层一层砌上去，金字塔有多高，土坡就有多高。塔建成后，土坡变成了一座很大的山。最后，人们把这座土坡山移走，塔就完全显露出来了。

生：这只是人们的一种猜测，因为课文中说"据说"，也可能是其他方法。

生：我觉得也可能是一层一层地先搭好木架，再用绳子把石头吊上去。

生：我也觉得可能是这样。现在我们建楼房时，工人们都会事先搭好很多的脚手架，方便站在高处操作。楼房建好了，再把这些脚手架拆掉。

师：是呀，古埃及人民真的是充满伟大的智慧。他们用自己的汗水和智慧创造了这人间的奇迹。

（三）引导想象，创设词语的深度链接

师：会读书的人，能把一篇长长的文章读成一个词，一句话，甚至是一个字。你们有这样的本事吗？想不想来尝试一下？

（在教师的积极鼓动下，学生们跃跃欲试。）

师：你觉得《埃及的金字塔》怎么样？你能把《埃及的金字塔》读成一个字吗？

（同学们各抒己见，有的说"大"，有的说"高"，有的说"老"，有的说"古"，有的说"美"，有的说"牢"，还有的说"精"……）

师：你能把《埃及的金字塔》读成一个词吗？

（同学们争相展示自我，不甘示弱，课堂气氛热烈：巍然屹立，规模宏大，结构精巧，古色古香，令人向往，傲对碧空……）

师：看来同学们都有一双慧眼，也很会读书。老师很欣慰。因为你们读出了金字塔的特点，读出了它的魅力，令人向往。

师：刚才很多同学把课文都读成了一个字，一个词。现在，老师要考考你，看谁又能把一个字读成长长的一句话，一段话，甚至是一篇长长的文章，或者是一幅优美生动的图画。（随即，指着金字塔）这就是举世闻名的埃及金字塔。谁能打开"举世闻名"这个画面？

生：透过"举世闻名"这个画面，我看到了爱迪生。他是举世闻名的发明家。我们现在用的电灯就是他发明的。他一生发明的东西有一千多种呢。

生：读到"举世闻名"这个词，我想到了莫言。他是诺贝尔文学奖获得者。

生：看到"举世闻名"，我想到了邓小平。他首先制定了"改革开放"的政策，带领中国人民从贫穷走向了富裕。

（同学们的思维一下子被打开了，想到了许多举世闻名的人物。）

师：同学们想象的内容真丰富，由一个成语想到了古今中外那么多杰出人物，真了不起。除了这些人物堪称"举世闻名"，还有什么也可以称得上"举世闻名"？

生：我觉得我们中国的万里长城举世闻名。万里长城像一条巨龙蜿蜒起伏。它建造在崇山峻岭之间，雄伟壮观，举世无双，是我们中国人民的骄傲。

生：我觉得奥地利维也纳的歌剧院举世闻名。维也纳歌剧院造型美观大方，设计独特，色彩和谐，面积大，容量大，是世界上所有的音乐家向往的地方。

生：我觉得秦兵马俑举世闻名。秦兵马俑不仅规模宏大，而且类型众多，个性鲜明。秦兵马俑惟妙惟肖地模拟军阵的排列，生动地再现了秦军雄兵百万、战车千乘的宏伟气势，形象地展示了中华民族的强大力量和宏伟气势。这在古今中外的雕塑史上是绝无仅有的。

师：除了能想到著名的人物和建筑以外，谁还能展开想象的翅膀，看到更多丰富的画面？

（老师富有启发性的话语真是一石激起千层浪，同学们的思维一下活跃起来，纷纷展开了想象的画面。）

生：看到"举世闻名"这个成语，我的眼前仿佛出现了谈迁夜以继日地编写《国榷》的画面。在面对厄运时，他没有被击垮，而是凭借着自己坚定的信念完成了《国榷》的编写。

生：我仿佛看到了司马迁编写《史记》的艰辛历程。他在遭受酷刑后悲愤交加，但想到自己不能死得轻于鸿毛，所以忍辱负重，终于完成了《史记》。

生：听到他们的发言，我想到了文天祥的诗句：人生自古谁无死，留取丹心照汗青。

三 实践感悟

从环节一中不难看出，孩子们的表达内容很丰富，语言表达的形式也很多样。张维鼎教授认为语言是通过意义与现实世界发生联系的。这个过程大致是：现实世界—经验感知—感知加工—概念化—语言符号。[①] 这个教学片

---

① 张维鼎：《意义与认知范畴化》，四川大学出版社，2007 年版，第 10-11 页。

段中，因为情境的创设，加上学生已有的经验积累，他们把看到的金字塔和自己概念里的金字塔进行了感知融合，于是有了语言表达的冲动，从而产生了丰富多彩的创造性语言。创造性语言的产生首先来自情感的激发，然后是情感驱动语义，产生语义冲动。

在人的心理结构中，语言不是像词典一样分条目排列储存的，而是以网络的形式储存着。每个人都按照自己对客观世界的理解和经验构筑起自己的语义网络。语义网络具有活跃性和开放性，利用语义网络的这两个特点可以培养学生思维的变通性、流畅性、准确性和整体性，培养学生的创造性思维。比如，在环节二中，我用语言描述两类情境引导学生体会埃及金字塔的高大：（1）立足人物所处的境况语境。根据文本列举的数字体会埃及金字塔的高大。（2）联系常见的生活情境。与生活中常见的教学楼比较，从而感悟埃及金字塔的高大壮观。在环节三中，孩子们的想象能力与语言表达令人吃惊，我不禁要为孩子们喝彩。我深深地感受到，孩子们的想象力是无穷的。他们把自己的阅读感受与文本内容有机地融合在了一起，并通过自己的语言表达进行有效交流。在这个教学片段中，我紧扣文本，抓住关键词，引导学生展开想象，启发学生想象举世闻名的人物、举世闻名的建筑物，以及举世闻名的历史文献、巨著等，从而帮助学生更深刻地理解埃及金字塔的举世闻名。

教学中，我非常注重每个学生的独特感受、语言表达，以引导为主，敏锐地捕捉其中的闪光点，并及时给予肯定和表扬，激励学生积极思考，营造一种热烈而又轻松和谐的学习氛围，把学生引导到想象中去，调动所有学生从多角度去想象，并运用语言进行描述，使学生在想象中交流，在交流中提高语言表达能力，并且在交流中得到积累，从而有效地促进了学生的全面发展。

要培养学生的想象力，就必须最大限度地延伸到课外，激发学生学习的积极性，活跃学生的思维，让学生在广阔的思维空间中，调动已有的生活知识和阅历，不断地提高自己的想象力，丰富自己的语言表达。

江苏省如东县掘山小学　宋国华

情理交融让说理文教学充满创造性

——以苏教版五年级语文《谈礼貌》为例

一　实践理念

在苏教版教材中有这样一组课文，如《说勤奋》《谈礼貌》《学与问》等，此类文章列举了一些事例，表明作者的观点，这就是论证观点的课文，即说理文。《义务教育语文课程标准（2022年版）》要求"学会运用多种阅读方法，具有独立阅读能力"。但在教学中，许多教师不遵照说理文的文体特征来教，有的当作故事课来上，有的上成了思想品德课。

在说理文教学中，着眼于学生"智慧的生长、丰盈、超越"（特级教师傅贵成语），优创情境，让学生在角色体验中，启发积极思维，产生了解课文内容的好奇，进而产生阅读的情趣。而叶圣陶先生也曾经这样要求："实用文教学应该培养学生'聚焦思维'，即能够从文章的写作方法理解文本，然后用这种写作方法去进行日常阅读和写作学习。"[1]李海林教授一语点破说理文教学的真经："学生阅读行为的最高目的，是通过掌握教材的原生价值的过程，掌握教材的教学价值，即掌握如何传播信息的智慧，也就是言

---

[1]　叶圣陶：《叶圣陶教育文集》，人民教育出版社，2014年版，第6页。

语智慧。"①

为此，我们语文教师应当思考：说理文教学中，既有"理"的推进，又有"情"的介入，如何创设学习情境，通过自主学习、合作探究，学说理之"文"，明语文之"理"，悟表达之"法"，解开说理文的"密码"？如何把握说理文的文体特征，使其成为培养学生语文素养的载体？

《谈礼貌》全文只有600字，语句极其简洁，却处处扣住主题。这样的说理文应该通过"品词析句"的语文手段，把握故事中人物的神态、动作、语言，探究语言表达的智趣，上出语文的味儿来。本文以《谈礼貌》为例，创设一定的情境，既有"理"的推进，又让"情"适当介入，实现说理文教学的智趣交融、情理共生。

二　课堂实践

（一）创"交际"情境，引"礼貌"课题

师：（课前，走进教室，大声喊）嗨！（手势，让学生站起来）

　　（生面面相觑）

师：刚才我们之间的上课问候语有没有礼貌？

生：没礼貌。

师：礼貌乃生活琐事，区区小事，何足挂齿？

生：不对，我们中国是个"礼仪之邦"，以礼为荣。

师：我们再来一次……

师：同学们好，我是……

　　（谦虚地自我介绍，礼貌地打招呼，并与几位学生握手交流，让学生评价老师的表现，从而揭示课题"谈礼貌"。）

---

① 李海林：《言语教学论（第2版）》，上海教育出版社，2006年版，第6页。

（二）创"古训"情境，思"礼貌"观点

师：（出示古训："君子不失色于人，不失口于人"）为了说明这一道理，课
　　文第一自然段引用了这则古训。请自读课文第一小节，思考下列问题：

　　（1）什么叫"古训"？用文中的有关词句，说说这句古训的意思。这句
古训告诉我们君子应该从哪些方面去注意礼貌？

　　（2）作者引用"君子不失色于人，不失口于人"这一古训是想表达什
么观点？

（三）创对比情境，绘课文结构图

师：四年级我们曾学过一篇说理文——《说勤奋》，课文开头先提出话题——

生：古今中外，每一个成功者手中的鲜花，都是他们用汗水和心血浇灌出来的。

师：然后举例论证——

生：司马光"警枕"自勉。

生：童第周勤能补拙。

师：一古一今，两个典型事例，最后归纳总结——

生：一生勤奋，才能有所作为，才能对人民、对社会做出应有的贡献。

师：温故而知新。默读课文《谈礼貌》，比较两篇课文的异同之处。

生：（相同点）总分总，第一节先摆出了作者的观点，然后举实例论证，最
　　后总结。

生：（不同点）《说勤奋》是两个故事，《谈礼貌》是三个故事。

师：《谈礼貌》一文给我们提出了什么观点，又列举了三个什么故事呢？

20. 谈礼貌

古训（不失色，不失口）——提出话题

问路（正面反面）古

乘车（大人小孩）——典型实例

理发（名人百姓）今

礼貌待人、礼貌用语——总结观点。

（四）创质疑情境，提炼文章观点

师：我有一个疑问，想请同学们来解决这个问题。课文讲了好几个有关讲礼
貌的故事，可为什么课题不用《礼貌的故事》，而要用《谈礼貌》呢？

（生读课文，小组讨论。）

……

（五）创"对话"情境，探究语言表达的特点

师（扮牛皋）：在马上吼道。

生（扮岳飞）：先离镫下马，然后上前施礼。

师：呔，老头儿！爷问你。

生：请问老丈。

师：不但没有给他指路，反而生气地骂他是个"冒失鬼"。

生：耐心地给他指路。

师生：这真是——"礼到人心暖，无礼讨人嫌"。

（六）创"表演"情境，感受具体事例的典型

师：有一天，一个女青年下公共汽车，她的长裙拖在车厢的踏板上，被一个
跟在后面的小学生踩了一下。

女青年：（回过头来看了看）哎呀！

小朋友：（连忙抬起脚）对不起，把您的裙子踩脏了。

女青年：（微笑着）没关系。

师：于是一场可能发生的纠纷避免了。

师：大家想象一下，假如小学生和女青年都是没有礼貌的人，有可能造成什
么后果？

（生回答）

师：这个故事说明了什么道理？

生：礼貌待人可以在人与人之间架起一座理解的桥梁，减少相互间的矛盾。

三 实践感悟

（一）情境中导入，感受观点提出的情趣

1.创"交际"情境，引"礼貌"课题。这一环节中，教者创设了"交际"情境，从学生熟悉的课堂礼仪开始，顺势引导。师生课前就"是否礼貌"这一简单的思辨，揭示深刻的主题，此时的境界可以说是水到渠成。

2.创"古训"情境，思"礼貌"观点。在课堂教学片段二中，教师直接出示"古训"让学生诵读，根据自学提示，自主研读课文第一小节。这样，既理解了古训，又能明了本文提出的观点——礼貌待人，使用礼貌语言，是我们中华民族的优良传统。

（二）情境中质疑，品悟文体特征的理趣

1.新旧迁移，绘制结构图，感受文体结构美。《谈礼貌》层次清楚，首先围绕古训引出观点，然后以"岳飞问路""小学生乘车""周总理理发"三个通俗浅显的事例，从正反两方面论证了讲文明、懂礼貌的重要性。在小学阶段，第一次出现说理文是四年级上册的《说勤奋》。为此，可以通过复习旧知，让学生感受说理文文体的结构之美，品悟文体表达的理趣，感受说理文所彰显的"理性美"。

根据学生的汇报，一起划分段落层次，首先以古训提出话题（不失色，不失口），然后从古今正反几个方面引用三个典型实例（问路、乘车、理发），最后总结观点，要注意礼貌待人，礼貌用语。这样，师生合作绘制文体结构图，列出小标题，感受篇章的逻辑严密美。

2.扣课题质疑，提炼文章观点，感受表达的概括美。歌德说："内容人人得见，涵义只给有心人得知，形式对于大多数人而言是一个秘密。"说理文一般都是作者借助实例阐述自己观点的文章，对于中心观点，首先应该读懂并能清楚地说出。在教学中，学生应该对这个观点有明确的把握，知道这是作者通过此文表达的观点，也是本文所有实例进行论证的中心点。

文本写了什么，人人都可以通过阅读去体会；文本是怎么写的，为什么要这样去写，即文本的语言表现形式是蕴藏在文本内容之中的，是隐性的，看不见的，对大多数人来说是很难发现的。这就需要教师引领学生在语言情境中阅读理解文本内容的同时，更多思考作者的精确用词、特殊句式、谋篇布局，品悟观点阐述的理趣，感受表达的概括美。

（三）情境中活动，感悟语言表达的志趣

1. 创"对话"情境，探究语言表达的特点。以"问路"片段为例，创设"对话"情境，紧扣"礼貌"二字去感悟。师生抓住牛皋、岳飞问路时动作、语言以及问路的结果的不同去表演读（师扮演牛皋，生扮演岳飞）。教学中，通过分角色朗读、教师引读等方式，将二人的不同表现、不同结果结合起来，很自然地让学生理解了"礼到人心暖，无礼讨人嫌"的含义，从而感悟作者表达的准确、细致以及该段所述事例与结论之间的紧密联系。

2. 创"表演"情境，感受具体事例的典型。苏霍姆林斯基说："在人的心灵深处，都有一种根深蒂固的需要，那就是期望自己是一个发现者、研究者、探索者。"在教学第二个故事的过程中，教师放手让学生小组互助学习，创设表演情境，让学生选择自己喜欢的合作学习方式，或分角色朗读，或讲故事，或课本剧表演，充分经历角色体验，自己去发现、探究、汇报。新课标强调学生的情感体验，说理文教学中的角色体验，更能让学生感受到"死板无趣"的说理文，富有典型事例筛选和语言表达的智趣。

关于说理性文章的教学，除了要让学生说出"语文的理"之外，更重要的是，要创设言语学习的情境，引导学生在提炼观点、理清文本结构、进行语言表达的过程中学说理之"文"，明语文之"理"，悟表达之"法"，从而帮助他们解开说理文的"密码"，学习有关说理的表达方式，并体会到阅读说理文的情趣、理趣和智趣，最终达到学文、悟"理"、表达、思维训练等融会贯通、和谐发展的理想境界。

江苏省如东县河口镇教育联络组　吴四海

用问题打通儿童创造力发展的脉络
——以苏教版六年级数学《认识百分数》为例

一 实践理念

创造性思维是复杂的高级思维过程，是多种思维类型的有机结合并高度统一协调的综合性思维。数学教学要以"思"为核心，始终走在儿童发展的前面，引领儿童的思维活动。我们凭借探究情境，让直觉思维与逻辑思维走向协同；启动求异情境，促发散思维与收敛思维有机交融。儿童创造力的发展，不仅需要逻辑思维，更需要直觉思维；不仅需要收敛思维，更需要发散思维。他们就像地球的两个半球，让不同思维方式甚至是互相排斥的矛盾体形成多维交融的状态。

《认识百分数》这节课，从知识本身的逻辑关系看，百分数是分数概念的一个分支，是特殊的分数；从现实生活来看，在调查统计、大数据分析领域中，百分数的应用极其广泛。有了这样的耳濡目染，学生积累了不少有关百分数的感性认识。根据知识的逻辑结构及儿童的数学学习现实，以问题为媒介引导儿童借助具有现实意义的素材和积累的数学活动经验，自觉地进入探究角色，自主建构百分数的意义。在反思性问题情境中，引发儿童的内心冲突，打破其已有认知结构的平衡状态，探寻百分数和分数之间的内在联系，从而达到启迪思维、激发创造内驱力的目的。以问题为起点，又以问题为终点，一个个问题串联起儿童思维的全过程，为创造力发展打通脉络。

二 课堂实践

教学目标：

1.通过巧妙地创设各种问题情境，使儿童初步构建起百分数的概念及正确的读写方法，体会相关概念的联系和区别，激发儿童的创造意向。

2.利用各种问题情境，使学生经历百分数意义的探索过程，丰富对数的认识的研究经验，提升质疑与反思的意识，诱发儿童的创造灵感。

3.学会多角度思考问题，开放性地解决问题，培养儿童的创造能力。

教学过程：

（一）问题情境，构建框架

师：同学们，你平时留心生活中的百分数了吗？从这个任务中，能猜到今天我们要学习什么吗？

生：百分数。

师：关于百分数，你想知道什么呢？

生：百分数的意义。

生：在什么情况下用到百分数？

生：百分数有什么特点？

生：百分数怎么化成分数？

　　……

师：同学们提出的这些研究角度都特别好！这几个要解决的关键问题，是老师来逐一告诉你们，还是想自己研究呢？

生：当然想自己研究！

师：好，那我们就从最基础的意义开始。

（二）交流情境，抽象意义

师：大家都迫不及待地介绍自己收集的百分数。来，先在四人小组里说一说。

（学生讨论、全班交流）

师：谁先来？告诉大家，你想汇报的这个百分数是？

生：百分之三十二。

师：读对了吗？我们也来一起读一读。（齐读：百分之三十二）

师：这里的 32% 表示什么呢？

生：表示把全国人口平均分成 100 份，城市人口就有 32 份。

师：说得很清楚。简要地说，32% 也就是表示谁是谁的百分之几呢？

生：表示我国城市人口是全国人口的 32%。

师：真会概括！大家也能这样简要地说出这个百分数的意思吗？你们说，我来写。（板书）

师：（用红笔圈出一个同学介绍的百分数）结合你的生活，你还能用这个百分数说一句话吗？

（生回答）

师：交流了这么多，你有什么发现？

生：这些数都表示百分之几。

师：很会观察，还有补充吗？

生：都是两个数相比较，用百分之几表示。

师：（板书百分数的意义）来，让我们响亮地读一读。

（三）对比情境，深化认识

师：通过前面的交流讨论，我们已经初步了解了意义。那它和分数又有什么不同呢？

生：写法不同。

师：分数我们都会写，百分数呢？谁来黑板上写一个？

（生写）

生：读法不同。$\frac{60}{100}$ 读作：一百分之六十；60% 读作：百分之六十。

生：分数的分母可以不是 100，但百分数不行。

......

师：那它们之间异中有同吗？请看这两个分数。（出示：一堆煤 $\frac{97}{100}$ 吨，运

走了它的 $\frac{75}{100}$ ）

生：都可以。

生：第一个不可以，第二个可以。

师：课前大家找到的这些百分数中，有像第一个分数一样有单位的吗？想想

这是为什么呢？

生：我找到的百分数都没有单位，因为它表示的是一种关系。

师：那你们觉得百分数和分数有什么不同呢？

生：分数可以有单位，也可以没有单位；百分数不能有单位。

生：分数有单位表示的是具体数量，没有单位表示的是一种关系。

生：百分数只能表示一种关系。

师：再看，这句话中谁能用百分数来表示呢？

（出示：$\frac{45}{100}$ 米相当于 $\frac{60}{100}$ 米的 $\frac{3}{4}$ ）

生：第一个和第二个都不可以，第三个可以。

师：为什么 $\frac{45}{100}$ 米和 $\frac{60}{100}$ 米能改写成百分数，而 $\frac{3}{4}$ 不能呢？

生：能不能改写与分母是多少没有关系，关键是看有没有单位。

（四）回归情境，灵活运用

师：一年一度的学校篮球比赛开始了，同学们都在积极备战。这是六（1）

班两位女队员自己练习定点投篮时的数据。

师：看到这些数据，怎样判断谁的投篮水平更高呢？（出示下页表）

部分队员投篮情况

队　员	投中次数	投篮次数
1	25	40
2	18	30

生：首先要算出她们各自投中的比率，1 号女队员是 $\frac{5}{8}$，2 号是 $\frac{3}{5}$，通分后可以知道 1 号女队员投得更准些。

师：两个同学我们能很快地比较出来。参加训练的女队员除了这两个，还有 6 人，这是所有女队员的投篮数据。按照比赛要求，我们将选择 5 个队员参加比赛。根据她们各自投中的比率请同学们快速比较，要选哪 5 个同学呢？（出示下表）

所有队员投篮情况

队　员	投中次数	投篮次数	投中次数占偷懒次数几分之几（投中的比率）
1	25	40	$\frac{5}{8}$
2	18	30	$\frac{3}{5}$
3	13	20	$\frac{13}{20}$
4	16	25	$\frac{16}{25}$
5	39	50	$\frac{39}{50}$
6	44	64	$\frac{11}{16}$
7	57	80	$\frac{57}{80}$
8	73	100	$\frac{73}{100}$

生：公分母太大了，看不出来。

师：有没有好办法呢？

生：用百分数来表示。

师：用百分数来表示她们各自投中的比率，这样我们就能很方便地看出应该选派哪几位同学去参加比赛。

师：现在，你能回答"百分数有什么作用"这个问题了吗？

生：便于比较。

师：大数据时代，正因为百分数具有这样的优点，所以它被广泛地应用于生活的方方面面，在许多重要决策中起着关键作用。

（五）综合情境，促进发展

师：一起来看一组调查统计的视频。（剪辑录像：《数字十年》）

师：透过这一组组数据，你有什么感受？

生：太震惊了，读了这些数据，我心潮澎湃。

师：这里，我还摘录了一些《数字十年》中的百分数。（在草稿本上写一写。出示下图。）

百分之零点零五	百分之五十
百分之九十五	百分之一百
百分之四点九	百分之一百零二点五
百分之一百八十	百分之三百

《数字十年》中的百分数

师：和屏幕上的比较一下，一样吗？你觉得谁比较特别？为什么？

生：我觉得 102.5%、180%、300% 比较特别，它们都大于 100%。

生：我觉 0.05% 比较特别，它特别小。

生：100% 是个特别的百分数，它等于 1。

师：通过对这些百分数的分析，你能根据所出示的信息，选择合适的百分数吗？

①十年来，我国神舟飞船从神舟三号到神舟九号全部发射成功，成功率

是（　　　　）。

②十年来，我国的基本医疗保障已经覆盖到了全国（　　　　）以上的人群，成为世界上最大的医保网。

③出示：这十年，城乡居民收入快速增长，是历史上增长速度最快的时期之一。据统计，2011年城镇居民人均收入大约是2002年的（　　　　）。

④十年来，我国治理的水土流失工作取得显著成果，治理水土流失面积约是国土总面积的（　　　　），相当于一个四川省的面积。

⑤2011年，中国的国民生产总值仅次于美国，比2010年增长9.2%，照这样的发展速度，到2050年中国经济就会位列世界第一。

师：这幅图表示了2011年我国GDP各部分的组成，从这幅图中，你能读到哪些百分数？（出示下图）

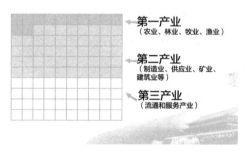

第一产业
（农业、林业、牧业、渔业）

第二产业
（制造业、供应业、矿业、建筑业等）

第三产业
（流通和服务产业）

2011年我国GDP各部分组成

师：其实像这样的数还有很多种。比如这些，它们又表示什么呢？课后，我们不妨用上今天研究的方式去进一步学习、研究。（出示下图）

2002年我国人口出生率为12.86‰，2011年我国人口出生率为11.93‰。

在汉族人群中寻找"熊猫血"——AB型Rh（－），同型人的机会不到3‰，十分罕见。

谷维素含量7000ppm

拓展百分数

三 实践感悟

（一）问题启发，激发创造动机

　　小学阶段从认识整数—认识分数—认识小数，儿童逐步积累下研究各类数的经验，支撑着儿童自主探究百分数的相关知识。信息爆炸的现代社会，百分数与我们的生活息息相关，从纸质媒体到电子媒体再到网络媒体，儿童有很多接触百分数的机会，也积累了很多有关百分数的原始的感性认识。怎样有效激活儿童的已有经验呢？教师开门见山地问：关于百分数，你们想知道什么呢？学生根据以往对数的研究经验和对百分数已有的理解，各抒己见，从概念的产生到概念的价值再到概念的应用，从不同方向、不同角度、不同高度发现并提出问题，阐述研究角度，并借助自己的力量自主地为获得百分数的概念搭建"脚手架"。老师的"外加指令"转化为学生的"主动寻求"，不仅激活了认知结构中的相关知识，同时也激发了学生的探究欲望。

（二）问题驱动，诱发创造灵感

　　如何构建百分数的概念呢？可以聚合生活中百分数的例子，逐步寻找到这些例子共同的特点，形成意义，从而获得概念；或是让儿童主动利用已经形成的数概念知识体系中分数的意义，帮助理解、接纳从属于分数的数概念意义。一般会依据这两种思路，形成两种截然不同的教学设计。其实，它们之间不是非此即彼的，相反，两种方式的融合可以促进儿童对数学知识的深刻理解，提高思维的水平，提升探究的能力。百分数概念的建构，一方面，学生拥有大量的生活经验和已经贴近本质的直觉思维，可以引导学生通过举例、比较、辨析等活动，自主概括百分数的意义；另一方面，借助归纳和同化协同进行，打通百分数与分数之间的概念之隔。儿童基于各自的生活经验和直觉思维，他们对所搜集的各类百分数的解读是带有具体情境色彩的。无论是对搜集的百分数的分析，还是将某一百分数运用到具体情境中去，如何让学生对百分数从"朴素理解"跨越到"概念定义"，真正把握核心概念内涵——倍比关系，只有通过对生活中大量百分数的分析和解读，支撑儿童不断探究"数学现实"，并在环环相扣的问题中，推进思维进程，最终才能逐渐逼近百分数的概念内核。

（三）问题比较，引发创造性思维

前一个环节从正向思维角度出发，儿童提取出大脑中的相关知识经验，在抽象、概括与生活的联系中，初步实现对百分数意义的理解和认识。接下来，要想完善对百分数的认识，真正把握百分数的本质，还必须在与分数的反向比较中实现，提高概念的清晰度和区分度，从而逼近概念的本质属性。在这个环节中，我引导学生进行了两次比较。首先是小组讨论，集体交流它们的不同点。学生的思维非常发散，从读写、分子和分母、从能否约分进行了比较，但是我们也清楚地看到，这些都是外在形式的区别，学生未能深度把握百分数和分数内在意义的区别，这些都是符合学生认知规律的，是"数学教学现实"的真实体现。接下来，我提出"百分数和分数还有什么关联呢？""这些分数都能改成百分数吗？"学生通过对实例的讨论辨析，回顾在生活中所找到的百分数，发现它们的共同点是都没有单位，并聚焦于百分数表示的是数量之间的一种关系属性，将视线再次汇聚百分数的核心内涵，从而对百分数的意义有了更深刻的理解和认识。在比较中，打通知识点之间内在的隔膜，串联起知识的脉络。

（四）问题解决，提高创造意识

这个环节一般是安排在百分数的概念引入之时，之所以放在这里是因为：其一，围绕"百分数是由于比较的需要而产生"这一主题层层展开的教学活动，看似让学生经历了百分数发生、形成的过程，但是耗时耗力，而且对于构建百分数的概念是非本质的，徒有其表；其二，儿童不是一张白纸，他们是带着丰富的经验走进课堂的，儿童的学习心理和认知基础是我们教学的起点，从生活经验引出百分数更符合儿童的认知规律。在学生对百分数意义的理解渐入佳境、对百分数与分数的异同逐渐明晰之后，创设"CBA 篮球比赛"这一模拟现实的问题情境。首先出示两位女队员的成绩，由于可以通分成分母是 40 的分数，借助分数比较容易判断出谁投得准。但加入 6 名新队员后，如果把 8 个投中比率通分成相同分母的分数比较，非常困难，无法直接看出分数的大小。这样，就突破了一般教学情境里数据少、分母比较特殊的设计。在这样的问题情境中，由于受到先前学习的暗示，学生自然而然地想到用百分制来统一公分母，这样不仅让学生经历了百分数产生和形成的过程，对便于比较的优点也有了更为深切的感受。

（五）问题情境，掌握创造方法

巩固知识、反馈信息、形成技能是传统练习中非常重视的部分。着眼于创造性思维的培养，练习更应注重在自主探索和交流反馈中运用数学知识，获取后续学习的一般方法和一般能力。练习在精不在多，整个练习环节，只选取了一个素材——《数字十年》。这是央视制作的反映中国十年来所取得的巨大经济成就的专题片，我剪辑了其中 90 秒，数字体现变化，一组组百分数激发了学生的民族自豪感，也让他们感受到百分数与国家发展、人民生活方方面面密不可分的联系。接下来，是一组写数练习，数的读写法也是数概念建构的一个基本组成部分，本节课中没有专门教学，百分数的读法渗透在课堂开始交流生活中的百分数中，写法蕴含在比较分数和百分数的环节中。从《数字十年》中选择了代表性数据让学生写一写，夯实基础。写的过程伴随着学生的思考，"这些百分数中，你觉得哪个比较特别？为什么？"问题是开放性的，学生可以从百分数的大小考虑，也可以聚焦百分数的分子……在多元比较中拓宽对百分数的认识，丰富有关百分数的感性积累。学生通过对具体语境的分析判断，在猜想、比较和甄别中，活化了对百分数的理解。课堂最后，我鼓励学生运用今天研究百分数的经验和方法，选取自己感兴趣的十分数、千分数、万分数、还有 ppm 数值去进一步学习研究。这样，拉弓不射箭，留下思考的空间，让学生自己走向未来的新知。

传统的百分数教学，知识凌驾于生活，理性压抑感性，情感缺位于认知，儿童创造力的发展更是无从谈起。学习的主体是儿童，潜藏于儿童内心深处的创造动机，犹如涌动的岩浆，时刻在寻找着突破口。巧妙地创设问题情境，激发儿童探究的欲望，如同为儿童打开了蕴藏岩浆的火山口，让心灵深处强大的创造力喷涌而出。模拟现实的问题情境，为学生思维的发展提供了契机与触媒，让学生由有限而无限、由静而动、由实而虚地延伸拓展开去，激发出更丰富、更新颖和更具创造力的思维。我不断地鼓励儿童求新求异，培养思维的发散性和特异性。在教师引导下，儿童自己发现并提出问题，让分析、归纳、推理和比较等思维活动贯穿于整个教学过程，并随着儿童的活动逐步推进，拓宽儿童的学习情境，使他们全身心地投入其中，获得全面发展。

江苏省南通师范学校第二附属小学　戴春

让儿童的创造性思维在改变中成长

——以苏教版三年级数学《认识小数》为例

一 实践理念

成尚荣先生说过，我们应该站在儿童的立场上，选择最有价值的内容，用最道德的方式展开课堂教学。不管是常态课还是公开课，数学教学都要坚持儿童立场，精心研究儿童的学习起点，了解学生已经学到什么，感受过什么，知道些什么，然后合理确定学习目标和学习内容，合理确定教学方式，这样才能真正激发学生的思维。

知识总是建构在原有知识基础上的。《认识小数》这部分内容，以元为单位的小数表示的实际意义，学生在日常生活中常有接触。学生有了一定认知，因此，我们改变一下教学方式，让学生先自学，通过自学，调出自己的知识储备，激扬智慧，发挥创造力，在自学交流中先学会一部分知识。

数学是思维的体操，创造性思维包括发散思维、直觉思维和联想思维。儿童的数学学习过程，其实是数学思维活动的过程。儿童思维的基本特点是从以具体形象思维为主要形式逐步过渡到以抽象思维为主要形式。但是这种抽象逻辑思维在很大程度上，仍然是直接与感性经验相联系的，仍然具有很大成分的具体形象性。我们在设计教学时，就如何让学生理解小数的意义，重点采用了数形结合的方式，通过数形直观的变化，感受小数的意义，这个改变是我们实践的重点。在数形的直观呈现中，由浅入深，由易到难，循序渐进地呈现小数的意义，培养儿童的直觉思维。

创造力的重要特点是新颖性和独创性，其主要成分是发散思维，也就是无定向、无约束地，由已知开始，探索未知的思维方式。在认识小数的拓展部分，当我们给儿童一根数轴，让他们自己在数轴上给小数安个家，在对数轴进行合理分一分、认真数一数的过程中，谁能说这不是在培养孩子的创造力呢？孩子创造性思维的培养，尤其是发散思维的培养，就是在这样潜移默化的教与学中，一点点地"润物细无声"。

二 课堂实践

《认识小数》是我们年级要开设的一节公开课，我们边试教，边修改，下面记录的是比较成熟的一次执教片段。

（一）尊重学情，以学定教

首先，我们设计了一份以认识与价格有关的小数的自主学习单（见下页图），了解到学生对小数的认识有一定基础，让他们在经验的积累下试一试吧！

首先，回顾旧知，把4角、8角改写成用元作单位的十分之几的分数，然后直接告诉孩子们，$\frac{4}{10}$元还可以写成0.4元，$\frac{8}{10}$元还可以写成0.8元。接着要求孩子自己阅读书本，通过阅读自学，画出认为最重要的词语。学生在读读画画中，会知道小数的各部分名称以及整数和自然数的概念。最后，再进行适当的阅读检测，自己"试一试"和"练一练"。自主学习单是在充分尊重学情的基础上设计出来的，目的是让学生通过学习和模仿初步了解新知，在阅读和模仿中培养学生的联想思维。

课始，我就组织学生围绕自主学习单进行小组交流。在交流中，大多数同学都能正确完成这份自主学习单。虽然学生此时的学习可能还只是一种模仿，但他们已经对小数有了更进一步的认识。

《认识小数》自主学习单

班级：　　　　　　姓名：

一、做一做：

图中的长方形代表1元，在下面先涂一涂，再填一填。

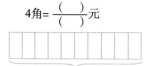　　　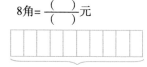

$\frac{4}{10}$ 元，还可以写成0.4元。0.4读作零点四。

$\frac{8}{10}$ 元，还可以写成0.8元。0.8读作零点八。

二、试一试：

3角= $\frac{(\quad)}{(\quad)}$ 元=（　　　）（填小数）元

7角= $\frac{(\quad)}{(\quad)}$ 元=（　　　）（填小数）元

1元2角=（　　　）（填小数）元

3元5角=（　　　）（填小数）元

三、读一读：自主阅读书本100页最后一个自然段，划出你认为重要的词语。

四、练一练：读一读下面这些小数。

0.9、 0.1、 3.7、 12.8、 35.7

0.9的整数部分是（　　　），小数部分是（　　　）。

12.8的整数部分是（　　　），小数部分是（　　　）。

你也来写几个小数：＿＿＿＿、＿＿＿＿、＿＿＿＿。

（二）数形结合，理解意义

（认识小数是从理解分数开始的，在课堂交流中，我重点结合图形，数形结合，让学生看图，一图两数，利用图形帮助他们理解小数的意义。）

师：如果这个长方形代表1元的话，你能很快说出图中涂色部分代表的小数吗？

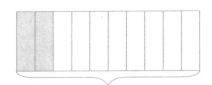

生：0.2。

师：你是怎么想的？

生：把一元平均分成 10 份，2 份就是 $\frac{2}{10}$ 元，$\frac{2}{10}$ 元也可以写成 0.2。

师：你说得很有条理，是的，0.2 元和 $\frac{2}{10}$ 元表示的意思是一样的，都表示把一元平均分成 10 分，表示这样的 2 份。

师：那这幅呢？（见下图）

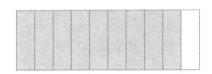

生：0.9。

师：为什么？

生：因为这幅图可以用分数 $\frac{9}{10}$ 来表示，$\frac{9}{10}$ 就可以写成 0.9。

师：空白部分呢？

生：0.1。

师：来！看看这些小数和对应的分数，你能发现什么吗？

生：十分之几，就可以写成零点几这样的小数。

师：什么样的分数可以写成零点几？零点几又表示什么？

生：分母是十的分数就可以写成零点几。零点几就表示十分之几。

师：如果老师把这个 0.1 也涂上颜色，（出示下图），现在又是多少呢？

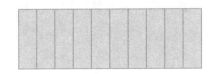

生：1。

师：看来 1 里面有 10 个——

生：10 个 0.1。

师：对！10 个 0.1 就是 1。

师：继续看这幅图，可以用哪个小数来表示？

生：1.2。

师：你是怎么想的？

生：因为前面的一个长方形是 1，后面的长方形可以用 0.2 来表示，合起来就是 1.2。

师：你说得特别清楚！这幅呢？（依次出示）

......

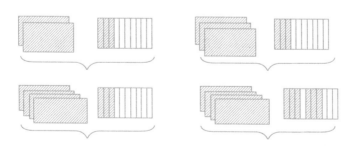

（三）无中生有，巧妙拓展

（认识小数，尤其是小数产生的意义，是本节课需要让学生初步认识的。教学中，我们这样去尝试。）

师：这是一个数轴！（出示数轴）数轴下面的这些数，都是——整数！那么，今天我们学习的小数，你能帮它在上面安个家吗？

生：可以！

师：安在哪里？

生：0 和 1 之间。

师：0 和 1 之间有数吗？我怎么没看到？在哪儿呢？

生：可以把 0 和 1 之间平均分成 10 份，1 份的地方就是 0.1。

师：（操作）是这样吗？

师：0.1，0.3 在哪里？0.9 在哪里？再往后呢？还有吗？

生：有！满十进一。满了 10 个 0.1 就是 1。再往后，1 和 2 之间、2 和 3 之间，还可以这样分。

师：这样，对吗？

（依次出示 1.3、1.7、2.3、2.8，让学生在数轴上指一指。）

师：看着数轴，思考一下：0 和 1 之间的小数有什么特点？

（生回答）

师：1 和 2 之间的小数呢？2 和 3 之间呢？

生：0 和 1 之间的小数都比 1 小，是零点几的！1 和 2 之间的都是 1 点几的，2 和 3 之间的都是 2 点几的！

师：真棒！再想想，3 后面还有小数吗？

生：有！把数轴延长，还会有整数和小数呢！

师：哦！你看，把 0 和 1、1 和 2 之间再分得细一点，就可以产生小数，有了这些小数，我们记录长度、体温等就更精确了。

三 实践感悟

《义务教育数学课程标准（2022年版）》提出：第二学段学生"愿意了解日常生活中与数学相关的信息，愿意参加数学学习活动。在他人的鼓励和引导下，体验克服困难、解决问题的成就，体会数学的作用，体验数学美。在学习活动中能提出自己的想法，在与他人交流中，敢于质疑和反思"。小学数学内容，对学生而言，未必都是全新的知识，有些会在生活中见过。就像小数的认识，虽说从逻辑结构来看是全新的知识，但从与孩子的课前谈话可以看出，学生与小数绝不是第一次"见面"，超市里、书本上都有小数的身影。生活中，他们学会了读一些一位小数，知道了一些东西的价格、重量是用小数表示的。但是，对于小数是怎么产生的，小数的意义以及小数与分数的联系，都不太了解。基于此，我们在整节课的教学设计中，没有去重复学生的生活经验，而是把重点放在对小数意义的认识上，引导学生从整体上认识小数的意义，促进儿童数学思维的发展。

（一）自主学习，培养学生的联想思维

首先，在平时教学中，我们习惯于用成人的眼光来思考，用大人的思维想学生，认为我们自己感兴趣的学习材料，学生一定也会感兴趣；自己觉得没必要讲的东西，学生一定也不想知道；创设的情境越活泼，学生就越感兴趣；选择的素材越新颖，教学效果就越好。一度认为这就是创新，其实，这样的创新有时就是伪科学。

《认识小数》这个知识，把一元平均分成10份，表示十分之几。通过自学，学生也能明白十分之几就是零点几。所以，我们的做法就是给学生设计一份学习单，让他们在自学中联系旧知，通过联想、类比学会新知，在这个过程中培养他们的联想能力。

（二）数形结合，培养学生的直觉思维

学生认识分数时，要借助直观的"形"或者"图"去理解，而在初步认

识小数时，要借助一个本身就需要通过直观来获得的知识再去建构小数。很显然，这有点儿为难他们！教学中，为了更好地运用"分数"这根拐棍来理解小数，为了找到分数和小数的联结点，我们在设计的时候，都是运用直观图，数形结合，帮助学生建立和理解小数的意义。在图形变化中，从整数部分是 0 的小数，延伸到"1"这个整数，再到整数部分不是 0 的小数，逐层递进，帮助学生加深对于小数的整数部分、小数部分的直观认识，学生对于小数意义的建构也会有一个更加明晰的认知。

（三）借助数轴，培养学生的发散思维

从知识体系来理解知识是最有价值的。认识小数，理解小数，并把小数拓展延伸开来，用数轴无疑是巧妙的。数轴消除了常规的顾虑，整体把握了小数的前世今生。把整数"1"等分成十份，符合满十进一的数学规则，这样就产生了小数。小数从本质上来说，其实就是十分之几的分数。教学中，通过让学生思考"你能帮它在数轴上安个家吗？"这样的问题，让孩子动用自己的发散思维，直观地经历了小数的形成过程，学生对小数本质的把握和小数价值的感悟无疑是深刻的。简单的一个数轴，就能让学生逐步逼近小数的本质。这样简单有效而又深刻的学习过程，正是我们期待和追求的。

每一堂课都是一个不可重复的智慧与激情综合生成的过程。作为在一线进行课题实验的教师，要能有效地整合和利用教学资源，结合学生的学习经验、教师自身特点合理进行教学设计。教学中，若能唤起学生主动学习的愿望，能促进学生开展数学思考，能想方设法培养孩子的创造性思维，就是一种很好的尝试。

教学理念决定教学定位，解读教材的深度决定教学高度，教学方式的改变决定教学效度。本课的关键词是"改变"。通过独特的视角、别样的呈现和精巧的设计带给孩子更多关于"小数"的体验和收获，促进学生逐步形成自己的数学思维方式，给他们以智慧生长的力量，让他们的创造力飞扬。

江苏省南通市海门区实验小学　季锦燕

数学情境赋予儿童创造力发展的力量

——以苏教版三年级数学《两位数除以一位数》为例

一 实践理念

未来社会的竞争是创造力竞争，而创造力的核心就是创造性思维。创造性思维要从小培养，从娃娃抓起。所谓创造性思维，就是对已知事物或未知事物进行开创性的思考。近年来，培养小学生的创造性思维成为数学教学研究的一个前瞻性课题。数学教学情境在调动学生数学学习的兴趣，促进数学知识理解和迁移，发展创造性思维能力方面都具有积极的推动作用。《两位数除以一位数》虽然是纯计算的教学内容，但教师只要把握好教材，创设生动有趣的数学情境，学生同样会对这一内容兴趣盎然，思维活跃，逐渐建立起学好数学的信念，学生一旦入情悟境了，那种"力"的能量是你意想不到的。

（一）数学情境创设简洁些，展现思维的新颖性

思维的新颖性是指在思路的选择、思考的技巧、思维的方法和思维的结论上表现出新的见解，新的突破。新颖性是创造性思维的基本特征。让学生在数学情境中学习新知识是新课标的一个重要理念，教师在数学情境创设上，要依据教材的特点力求简洁些。数学情境创设的简洁不是教学过程的简

单化，而是情境的内容要有一定的内涵、一定的深度和一定的针对性，所创设的数学情境要能触动学生的情感，问题要能引发学生的积极思考和主动探索。要从学生已有的知识和经验入手，通过复习旧知识，巧妙地把学生的认知与情感活动结合起来。通过创设学生熟悉的、源于生活的简洁情境，达成课堂教学的"简中求道"，帮助学生主动建构新知识，发展思维的新颖性。

（二）数学技能训练简单些，突出思维的精细性

思维的精细性是指思维过程中进一步完善已有的想法或方法。在解决问题时，思维的精细性表现在计划的周密性和考虑问题的细心上。当然，思维的精细性往往与思维的灵活性和深刻性密不可分。数学技能的形成是课程目标之一，是学生思维能力发展的保障。因此，创设数学情境应围绕基本技能展开，在学习知识的同时提高自身的技能。例如在研究 $40 \div 2 = ?$ 时，学生是通过用小棒摆一摆、分一分这一简单的操作情境，进而获得整十数除以一位数的初步表象，培养学生的想象能力，并为形成除法计算方法提供保障，更为下面学习两位数除以一位数打下基础。简单的技能训练背后是对除法计算方法的深刻理解和掌握，让简单的数学技能训练成为培养学生思维精细性的沃土。

（三）数学问题思考自然些，彰显思维的流畅性

思维的流畅性是指在限定时间内产生观念数量的多少，是一种立足现实而又跨越时空的思维。它能结合以往的知识与经验，在头脑中形成创造性的新形象，把观念的东西形象化，把形象的东西丰富化，从而使情境活动得以顺利展开。基础教育改革的核心是提高国民素质，培养学生的创造性思维能力。"数学思考"作为"过程性目标"，越来越引起教育界的重视，作为数学学习的核心，它是学生创造力中最有价值的一部分。所以，教师要让学生在数学情境中学会数学思考，学会数学反思，从数学角度看数学情境要"合情合理"，从心底觉得比较自然、顺畅，逐步过渡到数学思考的轨道上，才能

更好地培养学生思维的流畅性。给学生思考的时间，还数学自然本色，让数学思考因流畅而精彩。

（四）数学课堂活动愉悦些，再现思维的灵活性

思维的灵活性是指思维的灵活多变，其思路能及时转换和变通，即思维者具有改变自己心理定势的能力，思维能越出常规。而多种形式的思维训练可以促进思维的灵活性。鼓励求异，培养思维的广阔性与灵活性，有利于发展学生的创造力。在数学课堂活动中，对学生情感、态度与价值观的关注是教育的理性回归，设置学生身边的、熟悉的以及源于生活的情境，学生在学习的过程中就会乐意参与，主动探索，在参与和探索中打开思维的闸门、体验失败的伤心和成功的喜悦，学生思维的灵活性也随之得到有效发展。

二 课堂实践

（一）创设导入情境，引发思考，展现思维的流畅性

1. 口答下面各题。

师：想一想——

（1）20 里面有（　　　）个十；

（2）36 里面有（　　　）个十和（　　　）个一；

（3）60 里面有（　　　）个十；

（4）63 里面有（　　　）个十和（　　　）个一。

2. 解决实际问题。

师：同学们，马上要开学了，小红和小英两人一共买了 18 支铅笔，平均每个同学买了几支？

生：老师，我知道，平均每个同学买了 9 支。

师：那你是怎样列式计算的呢？

生：我是用 18÷2=9（支）。

师：你是怎样想的？你会用竖式计算吗？

生：我是这样想的，18 接近 20，20 除以 2 求得每份数是 10，把 18 看作 20，总数就多了 2，每份数应减少 2÷2 ＝ 1，10-1 ＝ 9，所以把 18 平均分成 2 份，每份数就是 9；求每份数是多少，可以用除法来计算。

师：你的想法真好，你真聪明。

3. 谈话引入。

师：今天这节课，我们一起来学习整十数、两位数除以一位数（板书课题）。还有两组同学也在买铅笔，买了多少支呢？一起去看看吧！

> 设计意图：教师从学生已有的知识和经验入手，通过对旧知识的复习和呈现购物情境，巧妙地把儿童的认知活动与情感活动结合起来，再引出本课内容，激发学生参与学习的热情。迁移是思维流畅性的主要形式。教师要培养学生积累旧知识、动用旧知识探索新知识的好习惯。在教学中，当新旧知识本质上一致，需要学生以同化方式学习新知识时，常用迁移的方法，利用思维的流畅性，学习新知识。

（二）创设操作情境，探究新知，突出思维的新颖性

1. 教学整十除以一位数。

（1）出示场景图左半部分。

师：观察图，说说你知道了什么。

生：通过观察，我知道了两个男孩一共买了 40 支铅笔（4 捆，每捆 10 支），求平均每个男孩买多少支。

师：要求平均每个男孩买多少支，你会列式吗？

生：我会列式。

师：怎样列式呢？

生：可以这样列出算式：40÷2。

师：请用小棒摆一摆，分一分，并说出摆与分的过程。

师：说出你的想法。

生：可以这样想，把 40 看作 4 个十，4 个十平均分成 2 份，每份是 2 个十，也就是 20。

师：那么，$40 \div 2 =$？

生：$40 \div 2 = 20$（支）。

答：平均每个男孩买了 20 支。

师：还有问题吗？

生：没有了。

师：刚才，我们一起研究了整十数除以一位数，你们到底学得怎么样，请同学们完成"想想做做"第 1 题，并在小组里说一说每组两题在计算上的联系与区别，以便形成算法。

（2）小结。

师：口算几十除以一个数，可以把被除数看成几个十，再想一想这几个十除以这个一位数就等于多少个十；也可以用被除数十位上的数除以除数，商是几，最后算得的结果就是几十。

设计意图：教师通过把 40 支铅笔平均分的操作情境，使学生获得对整十数除以一位数的初步表象，培养了学生思维的流畅性，发展了想象能力，并为形成除法计算方法提供了保障，更为后续学习两位数除以一位数奠定了基础。

2. 教学两位数除以一位数。

（1）出示场景图右半部分。

师：从图中你知道什么？你想解决什么问题？

生：从图中我知道了两人一共买了 46 支铅笔，我想求平均每个女孩买了多少支？

师：求平均每个女孩买了多少支，应该怎么列式呢？

生：可以用 $46 \div 2$（师板书除法算式：$46 \div 2$）。

师：猜猜 46÷2 商是几十多呢？你能用小棒摆一摆、分一分吗？（四人一组活动）

（2）小组交流分的情况：拿出几捆几根小棒，先怎么分，再怎么分，最后每人分得多少支？可以引导学生用自己的语言进行概括性表述。

师：先怎样分，再怎样分？

生：每人先分两捆，是 20 支；还有 6 支分给两个人，每人分得 3 支，合起来每人是 23 支。

师：几十几除以一位数，先用几十除以一位数，再用几除以一位数，然后把两次结果加起来。

师：如果每道题都用小棒分一分，那就太麻烦了，我们一起用竖式来计算，好吗？

（各小组讨论"竖式该怎么写"，即先写什么，再写什么，最后写什么。让学生汇报本组想法。）

师：先算被除数的哪一位？商是几？

生：先算被除数十位上的 4，用 4 除以 2，商是 2。

师：商 2 写在哪里？

生：对齐被除数的十位在商的位置上写 2。

师：2 为什么写在商的十位上？

生：2 之所以要写在商的十位上，是因为它表示的是把 4 个十平均分成 2 份的结果，也就是表示 2 个十。

师：你说得非常好，下面又该怎样计算呢？

生：下面算 2 乘 2 得 4，4 减 4 得 0，因为还要除个位上的数，这里不写 0。

师：接下来你们又打算怎样做呢？

生：为了看得清楚，我们把被除数个位上的 6 移下来放在这里除。

师：再往下你会算了吗？谁来接着写下去？

生：会。（教师指名板演）

师：我们来一起回顾笔算过程，笔算 46÷2，要从哪一位除起，除得的商写在哪里？被除数十位上的数除过以后要怎么办？商写在哪里？

设计意图：学生在教师引导下，通过摆一摆、分一分等操作情境，明确算理，然后在教师引导下学习笔算的方法。学生掌握两位数除以一位数的竖式格式有一定的难度，所以教师的适当讲解是必要的。在讲解过程中，教师不失时机地引导学生讨论，并让学生把自己能计算的部分算出来，既体现了学生的主体地位，又发挥了教师的主导作用，突破了本课的教学难点，学生的创造性思维能力随之得到发展。

（三）巧用实践情境，学以致用，彰显思维的精细性

1. 做"想想做做"第 2 题。

（1）学生齐练，指名板演。

（2）师生共同评价板演情况。

（3）谈话：说说在计算时发现了什么，引导学生注意余数。说说在计算中应注意什么，进一步巩固笔算方法。

2. 做"想想做做"第 3 题。

（1）让学生仔细观察插图。

（2）提问：从图中你知道了什么，要求什么？

（3）独立解答。

（4）在小组内交流、校正。

设计意图：练习题的设计围绕本课教学的重点，由浅入深，具有层次性，注重让学生自己发现、比较笔算中的不同之处，突出强调有余数的情况；把一些"生活化"的习题带进课堂，运用所学的知识来解决生活中的实际问题，体会数学学习的意义和价值；让学生感受到数学与日常生活的密切联系，培养他们考虑问题应该全面的学习品质，同时通过优化解题过程促进其思维的精细性。

（四）创设问题情境，挑战自我，培养思维的灵活性

1. 小刚在计算一道除法题时，把被除数 150 看成了 105，得到的商比正确的商少 9。正确的商是多少？

2. 在学校操场西侧 120 米之间栽树，每隔 3 米栽一棵（两端都栽）。一共能栽多少棵？

> 设计意图：兴趣是最好的老师。为了唤起学生的学习兴趣，摆脱机械重复、枯燥乏味的练习，教师精心设计了两道具有趣味性、符合儿童认知规律且具有数学情境和生活情境的题目。设计这样类型的趣味题，是为了激发学生学习的积极性，开拓学生的解题思路，开发学生的创造潜能，同时让他们在解题过程中思维更加活跃，发掘其数学潜能，彰显数学智慧。

三 实践感悟

教师的责任不仅是传授知识，更要唤醒学生潜在的智慧，发展其创造能力。在整节课教学实践中，教者把新、旧数学知识联系起来，利用学生熟悉的生活情境，通过摆一摆、分一分、再想一想等生动有趣的数学情境，引导学生积极参与，主动思考，把困难一个个缩小，让学生在"跳一跳"中化解一个个疑惑，在轻松的情境中掌握数学知识和提高数学能力，感受情境数学的魅力，培养创造性思维能力。

（一）巧用情境，激活学生已有的经验，唤醒他们的创造意识

本节课在充分发挥教材作用的同时，巧用学生熟悉的数学情境和过去所学的知识，开展数学活动。一方面，为了激活学生已有的操作和计算经验，为学生有效探索两位数除以一位数（首位不能整除）的计算做好铺垫；另一方面，也为学生进行比较、沟通新旧知识之间的联系提供了良好素

材。教给学生除法竖式的口诀：一想（被除数里有几个除数），二商（除到被除数的哪一位就把商写在那一位上），三乘（商和除数相乘），四减（要认真和细心）。在这样简洁的情境中，激活学生已有经验，唤醒他们的创造意识。

（二）提供情境，引导学生建构算法，培养他们的创造性思维

课堂情境是数学知识的具体化依托，它以直观方式再现静态知识所表征的实际事物或者相关背景，便于引导学生处理好运算过程中的形象与抽象、感性与理性的关系。本节课注重为学生提供充分的时间和空间，从多个角度提供平台，动静结合，为学生独立思考、尝试探索、动手操作和讨论交流提供有力保障，让学生通过探索体会算法，通过探讨比较算法，通过交流评价算法等，使学生经历并体会两位数除以一位数的计算过程，有效实现算法的自主建构，在数学情境中掌握一些基本学习策略和方法，培养学生的创造性思维能力。

（三）联系情境，培养学生的数学能力，彰显他们的数学智慧

本节课在数学情境中有效沟通了算理与算法之间的联系，让学生先摆一摆、分一分，再结合自己的操作体验去探索算法和选择算法，从而实现算理与算法的有效链接。本节课还注重沟通猜想和计算的联系，先结合实际情境，让学生猜一猜，再结合具体计算让他们再去猜一猜，使学生充分感受猜测在实际生活中的应用价值，增强和发展他们的猜测能力，使猜想和计算有机融合。先"猜"再"算"，"猜"是为了"算"，学会了"算"又是为了更好地"猜"，这样相互促进，共同作用，培养学生的数学能力，彰显他们的数学智慧。

（四）丰富情境，凝聚学生的注意力，发展他们的创造能力

创设丰富的数学情境，是凝聚学生的注意力、培养学生创造力的重要方法之一。它能激起学生创造性思维的浪花，唤起学生的好奇心和求知欲，进

一步完善学生的创造人格。实践证明，学生的创造能力存在着性别差异，但教师可以通过丰富的数学情境加以平衡和优化。情境教育的好处是把教材教活了，把学生教活了，把教学过程的育人功能充分地体现了出来，丰富了学生的情感。因此，创设数学情境是对素质教育的一种有效探索。

江苏省如东县曹埠镇曹埠小学　薛志华

以问题情境激活儿童的创造性思维
——以苏教版五年级数学《组合图形的面积》为例

一 实践理念

创造性活动离不开创造性思维。发展儿童的创造性思维一直都是小学数学课程的基本理念和核心追求。儿童的创造性思维并不存附于每个个体之上，它是需要被"激活"的。在情境数学的长期实践探索中，我们发现，数学问题情境对儿童创造性思维的发展有着积极影响。这里的"数学问题情境"并非指简单的提问，而是当儿童因原有的认识水平不足，而造成认识阻滞，处于一种心理困境时，所创设的能打破儿童原有认知平衡的心智情境，它旨在唤起儿童的思维，让儿童抵达"愤悱"之境，激活潜在的创造性。

本课例的设计旨在通过创设数学问题情境，引导儿童探寻不同的解题方法，感受思维的多样性；在分析和比较中自觉完成解题策略的选择和优化，感受思维的灵活性和批判性；在动手操作、自主探究和解决问题等一系列活动过程中发展思维的创造性。

二　课堂实践

（一）创设真实性问题情境，诱发儿童创造兴趣

生活是数学知识的源泉，儿童的数学学习应该融入儿童的生活。情境教学一直强调把儿童生活中的、身边的、真实的东西融进课堂。以真实的活动为基础，创设相应真实的问题情境，诱发儿童愉快的情绪，降低学习时的紧张感，使儿童处于与外界事物和谐共处的境地，进入超越和自由的状态，激发儿童的创造情绪。

片段一：

师：（播放"绿色学校宣传片"）保护环境，人人有责。同学们，最近我们学校也准备申报省"绿色学校"，你们支持吗？

生：支持。

师：（屏幕出示申报要求之一：绿化覆盖面积达可绿化面积的一半以上）咱们学校有没有达到这一要求呢？

师：（出示校园绿化示意图）你能计算出校园现有绿地的面积吗？

（生兴奋地计算各绿地的面积）

现代教育技术为学习者营造了一个生动的拟真情境，还原儿童生活中的数学问题。教学中将组合图形面积的学习置于"申报绿色学校，计算校园绿化面积"这一特定的真实情境之中，让学习者产生了学习需要，有效激发了他们的学习兴趣。同时，以"咱们学校有没有达到这一要求？你能计算出校园现有绿地的面积吗？"作为数学问题情境的材料，真实而颇具探究性，能唤醒儿童的问题意识，诱发儿童的创造兴趣。

（二）创设探究性问题情境，引发儿童直觉思维

在儿童的创造性思维活动中，直觉思维起着举足轻重的作用，可以让儿童略过对问题的逻辑分析直接做出猜测、判断，具有能一眼看出而又无法论证的特点。教学中创设探究性问题情境最能引发儿童的直觉思维，让儿童在

"悬而未决"的焦灼状态中产生"顿悟"，在思维困境中产生"灵感"，从而做出创造性预见，闪现创造性设想。

片段二：

师：为了打造绿色校园，学校打算对教学楼旁边的一块空地进行绿化。

（生面露喜色）

师：（课件出示教学楼旁的空地，图1，并演示涂上绿色）新增加的绿地与之前的相比有什么不同？

生：它不是基本图形。

师：你能想办法求出它的面积吗？

生：我们可以把它分一分，分成两部分。（见图2）

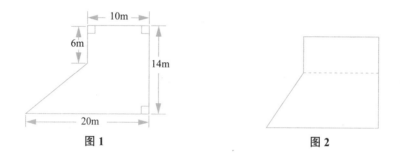

图1　　　　　　　　　　　　图2

虽说直觉的产生极为突然，但在学生充分的知识储备下，其生成也就变得自然了。在经过第一环节对校园已有绿地面积的计算后，学生对基本图形面积的计算方法已烂熟于心，此时万事俱备，只欠东风。教师紧接着创设问题情境："为了打造绿色校园，学校打算对教学楼旁边的一块空地进行绿化。但新增加的绿地不是基本图形，该如何求出它的面积呢？"这样的探究性问题情境，往往让学生的思维处于愤悱状态，部分学生在瞬间出现了突发性的思维脉动和顿悟，直觉让学生猛然捕捉到解决问题的思路。

（三）创设求异性问题情境，启发儿童发散思维

发散思维可以活跃思路，打破思维定势。在儿童的学习活动中，创设求

异性问题情境可以启发儿童运用立体思考、多向思考等方法，提出尽可能多的设想和答案，帮助儿童摆脱惯性思维的困境，发展思维的创造性。

片段三：

师：同样是分一分，你还能想到其他分割方法吗？

（学生小组讨论，尝试分割。）

（学生汇报展示各种不同的分割方法）

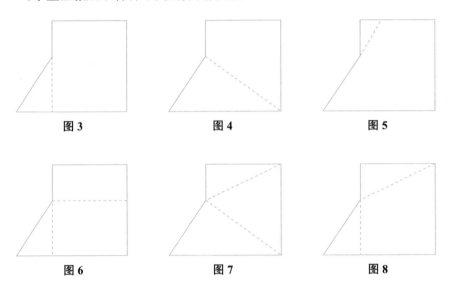

图3　　　　　图4　　　　　图5

图6　　　　　图7　　　　　图8

师：大家集思广益，得到了多种不同的分割方法，真了不起。如果不分割，你是否能想出其他办法求出这块绿地的面积？

（学生小组讨论，尝试除分割以外的其他方法。）

（学生汇报展示添补的方法，见图9、图10。）

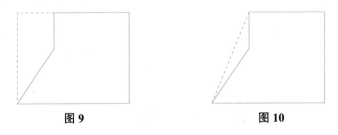

图9　　　　　　　　　图10

不同的审视视角可以让学生产生不同的解法，教学中，教师创设"同样是分一分，你还能想到其他分割方法吗？""如果不分割，你是否能想出其他办法求出这块绿地的面积？"等问题情境，有意识地启发学生转换思维角度，从不同方向进行探索，这样的标新立异正是创造性思维不断发展的标志。

（四）创设争论性问题情境，促发儿童批判思维

儿童创造性思维的发展，一方面需要儿童灵活变换思维角度，产生独特见解和多样化策略；另一方面又需要儿童进行理性反省，在反省中对多种方法和策略做出合理评判与正确取舍，既不人云亦云，也不自以为是，而是敢于坚持真理，勇于修正错误，在批判中不断发展。

片段四：

师：集体的智慧是无穷的。通过讨论，同学们想出了这么多计算这块绿地面积的方法，如果请你从中挑一种，你更倾心于哪种方法？

生：我选择图 2 的方法。

生：我觉得大家会倾向于选图 2、3、4、5、9、10 的方法，因为这些方法都是把这块绿地分割或添补成两个基本图形，求两个基本图形面积的和或差，比较简单。而图 6、7、8，都分成了三个基本图形，算起来会比较复杂。

生：图 5、图 10 的方法不能选，因为这样分割或添补出的三角形缺少条件，无法计算面积。

师：同学们真是火眼金睛，在解决问题的时候，不仅能通过思考创造很多办法，还能根据所给条件，通过分析比较，合理地选择最优的方法，真棒。

片段五：

师：学校决定新建一个花坛，这些方案中的花坛面积分别用哪种方法计算比较合适呢？（出示图 11、图 12、图 13、图 14、图 15、图 16、图 17）

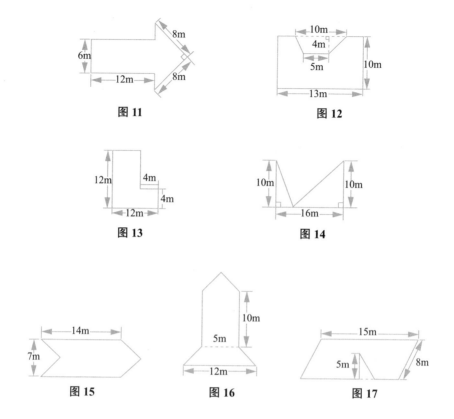

图 11　　　　　　　　　　　图 12

图 13　　　　　　　　　　　图 14

图 15　　　　　　图 16　　　　　　图 17

生：图11、图13、图14、图15、图16适合用"分割法"，图12、图17适合用"添补法"。

师：你们同意吗?

生：图13、图14也可以用添补的方法来求面积。

生：图14分割成两个三角形后，每个三角形的底并不知道，所以无法求出面积。

师：（指导学生观察图14，演示将图14分割成两个三角形）这两个三角形的底一共是16m，分割后，每个三角形的底分别是多少并不知道，这可怎么办呢?

生：由于两个三角形的高是相等的，可把它们先分割再平移，拼成大三角形。

师：真会思考，确实，如果只是简单分割，因数据不全，不能求解。但如果先分割再移拼，得到一个大三角形，就能求出面积了。

生：图 15 也可以先分割再移拼，变成一个大长方形。

生：我发现图 16 分割后，三角形、梯形都缺少条件，算不出面积。

生：我发现图 17 补上一块后，补上的三角形缺少条件，算不出面积。

师：同学们真了不起，能用批判的思维来审视各题的解法，老师真是由衷地佩服你们。相信刚才的讨论，一定让你对分割法和添补法有了更清晰的认识。

正是争论性问题情境，促发了儿童的批判性思维。在教师"如果请你从中挑一种，你更倾心于哪种方法？""这些方案中的花坛面积分别用哪种方法计算比较合适呢？"的循循善诱中，学生能够独立思考、敢于质疑，甄别能力得到了提高，从而更容易发现错误，对多种解题方法的选择也更有独创性，这不正是发展儿童创造力真正需要的吗？

三 实践感悟

在教学实践中，我们发现数学问题情境能让不同类型的思维协同运作，形成多维交融的状态。这种状态下，儿童更多呈现出创造性。本课例正是依托问题情境，实现了不同类型思维的多维融合，激活了儿童的创造性思维。

（一）问题情境有利于直觉思维与逻辑思维的协同

直觉思维灵动跳跃，突发于偶然；逻辑思维理性规范、严密而确定。两者大相径庭却都在创造性思维中发挥着巨大作用。而"美"的问题情境，最能直达数学直觉的本质，引发儿童的直觉意识，引领儿童智慧地把握和内省，巧妙地将直觉与逻辑结合起来，让它们走向协同统一，创造之光，也由此诞生。

（二）问题情境能促进发散思维与聚合思维的交融

发散思维引导儿童将思维由问题的中心指向四面八方，就像一棵树，枝叶越长越繁茂，是一种记忆的广泛搜寻。而聚合思维引导儿童将思维始终集中于同一方向，就像竹竿，一节节环环相扣，是一种聚焦搜寻。一个人的思维，是发散还是聚合，取决于问题情境，以"思"为核心的问题情境，让儿童敢于尝试和探索，敢于提问和质疑，让两种思维协同运作，交替运用，走向交融，就像一垄茂盛的竹林，呈现出局域范围内的散状结构。这两种思维的高度协调促成了高水平的创造性思维。

（三）问题情境有助于批判性思维与创造性思维的生成

批判性思维重在引导儿童辨明问题，而创造性思维偏重于构建新观念。如何让两者交互作用，共同生长？那就是"情"。在儿童的学习活动中创设以"情"为纽带的问题情境，可以调节儿童的情绪，缩短与问题的心理距离，同时激励儿童勇于辨析，敢于质疑，使其思维、想象和创造都处于最佳状态。

"真、美、情、思"的数学问题情境，带给儿童真实的体验、审美的愉悦，它与儿童真情交融，为儿童开启了宽阔的思维空间，激活了儿童的潜在智慧和创造性思维。

江苏省南通师范学校第二附属小学　王胜华

数学情境课程引领儿童的创造性思维
——以自主开发的数学思维训练课《思考与创造》为例

一 实践理念

每一个儿童都蕴藏着创造力，等待萌发和破土而出。那么，如何更好地唤醒儿童沉睡的创造力呢？

创造性思维是创造心理的核心。但思维不是可以直接由教师传递给学生并由学生完全直接接受的，相反，它更多地取决于学生自我探索和积累的经验，并不断内化，从而逐步掌握如何思考。这一过程恰恰可以通过数学情境课程来完成。因为数学情境课程引导学生在思考的情况下，在探究的背景下，培养对数学的喜爱，愉悦地投入学习。

笔者自主开发了数学思维训练课《思考与创造》，根据创造性思维的多向性，以及新颖、灵活、形象和求异等基本特征，搜集和整合学习材料，创设恰当的教学情境，力求在体验和感受的过程中，逐步培养学生的创造性思维能力。

二 课堂实践

（一）创设情境，体验创造性思维方向

1.直观演示，感受发散性。

师：3+5 得多少？这不是创造性思维。把它反过来就是了！8=？ + ？

$$3+5 \dashrightarrow 8$$

生：8=3+5。

生：8=7+1。

　……

师："？"除了表示整数，还能表示别的数吗？

师："？"可不可以代表一个式子呢？

生：8=2.5+5.5。

生：8=2×3+2。

生：8=4÷2+24÷4。

　……

师："？"可以表示一个数，还可以表示算式。从"3+5 等于多少"想起，就只有一个答案，思维是单一的，而从"8 等于多少"想起，我们得到许多不同的答案，思维是发散的（如下图）。

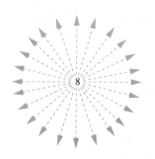

设计意图：教师通过直观演示，让学生亲身体验从左往右想只有一种答案，而从右往左想却有无数种不同答案，从而形象地感受发散思维的特征。

2. 角色体验，感受逆向性。

出示问题：兔小妹摘了很多胡萝卜，蹦蹦跳跳地回家去。才走了一会儿，山神爷爷把她拦住了，让兔小妹分一半胡萝卜给他，兔小妹只好照办。没走多长时间，风神又把她拦住了："兔小妹，把你包里的胡萝卜分一半给我！"兔小妹又只能照办。之后，雨神、电神、雷神又使用相同的方法要走了兔小妹的胡萝卜。当兔小妹到家的时候，包里只剩 1 根胡萝卜。你知道原来兔小妹摘了多少根胡萝卜吗？

（学生讨论交流，见下图。）

（原来）
遇到山神　　　16×2=32（个）
遇到风神　　　8×2=16（个）
遇到雨神　　　4×2=8（个）
遇到电神　　　2×2=4（个）
遇到雷神　　　1×2=2（个）
剩下　　　　　1个

师：在帮兔小妹解决问题的时候，我们用了倒过来想的方法，这是一种逆向思维。

设计意图：这是一个倒推问题，学生比较熟悉。教师通过对这道题思考过程的梳理，让学生体会到既要能正着想，又要能倒过来想。

3. 空间想象，感受立体性。

师：根据这两条线（见下图），你能想到什么？

生：一面墙。

生：一个长方形。

……

师：由线想到了一个面。

师：观察下图，你又能想到什么？

生：一个墙角。

生：一个长方体。

……

师：由平面想到立体了。

师：如何在一块土地上种 4 棵树，使每两棵树之间距离都相等？

（不少学生在纸上画了起来，但经过验证都不行。）

［师生经过一番讨论得出：将这块土地垒成等边三角形的金字塔形（正三棱锥），然后在塔顶上种上 1 棵树，下面三个角上再各种 1 棵树。（见下图）］

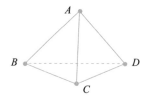

师：如果在平地上，我们无论如何都无法达到这一要求，但只要我们发挥想象力，将思维立体起来，就能够轻而易举地达到目的。

设计意图：学生的思维有一个由点到线、到面、再到立体的过程，创造性思维要求思维能够立体起来，具备较强的空间想象力。种树问题体现了立体思维的重要性。

（二）创设情境，体验创造性思维特征

1. 游戏体验，感受灵活性。

出示算式：7+2=　　　8÷4=　　　5×2+2=　　　20−10÷10=

师：今天我们要拿这些熟悉的算式做个游戏。游戏规则是——

"+变乘，−变除，×变减，÷变加"，算算它们的结果。

（学生依次算出，但回答速度慢。）

师：说说你们的游戏感受。

生：感觉很混乱。

生：对于原来的"+、−、×、÷"的运算规则我们已经很习惯了，突然改变了，就觉得很难。

生：如果我们经常进行这样的练习，就会慢慢变灵活。

> 设计意图：赋予符号新的意义，学生在计算时感到困难，甚至觉得"乱七八糟"，从而体会到思维定势的负面影响，领悟打破常规的必要性。

2. 操作探究，感受新颖性。

（1）出示故事第一部分：

一位德国数学家在桌面上用小木棍搭出了两个等式：125−50=135，150+82=502。接着，他笑着对身边的年轻的技术员说："你能不能搬动尽量少的小木棍，使算式成立呢？"

学生尝试未果。

（2）出示故事第二部分：

技术员把小木棍搬过来又搬过去，怎么想也想不明白。他一边想一边回到了家，他的夫人准备出门参加聚会，正在镜子面前梳理漂亮的长发。此情此景突然触发了他的灵感。

师：触发了他什么灵感呢？看来也同样触发了你们的灵感。

学生拿出信封中教师课前准备好的算式和镜子，动手操作，发现结论。

（3）出示故事结尾：

技术员飞快地摆好数学家给出的式子，又拿来镜子，把镜子放在式子的前面，镜子里竟然出现了正确的算式：152−20=132　　120+85=205。

师：搬动尽量少的小木棍竟然是什么也不需要动，而是换个角度，运用反射的现象，校正了原先的错误。

3. 反思问题，感受批判性。

（1）出示问题：货轮上载着 82 匹马、41 只羊，你知道驾驶货轮的人多大年纪吗？

学生尝试回答，但答案都不能说服大家。

师：并不是每道题都有答案，并不是老师、书本就是百分百正确，我们需要有批判精神，学会说"不"！

（2）出示问题：哈里王国年轻的王子为了能够继承王位，想得到广大群众的拥护，所以他下决心奖励每位男性 10 元钱，每位女性 4 元钱。可是他又不想花太多的钱，因此这个会算账的王子想到了一个自认为绝妙的方法：他要去全国最贫苦的一个小城镇，而且要在上午 10 时到达那里，因为他知道那个时间里，小城镇里只有 $\frac{4}{10}$ 的男性和所有的女性在家，其他的男性都离开家打工挣钱去了，这样他就可以少奖励一些钱了。这个小城镇共有 300 人，女性比男性多。你能计算出这位会算账的王子一共要奖励多少钱吗？

生：无法解决这个问题，因为男性、女性人数分别是多少不知道。

师：敢于质疑，很好！但我们不妨假设一下，男 100 人，女 200 人，答案是多少？

（生计算后得出：1200 元。）

师：如果说国王施舍的就是 1200 元，你们同意吗？

生：不同意。

师：再假设，男 50 人，女 250 人呢？

（生计算后得出：1200 元。）

师：现在说国王施舍的就是 1200 元，你们同意吗？

生：不同意。（稍作犹豫）

师：这难道仅仅是一种巧合吗？现在你想干什么？

生：进一步假设算一算。

（学生各自假设男性、女性人数，并根据假设情况计算出结果，答案都是 1200 元。）

师：现在你还会对这个问题说"不"吗？

生：不会了。

师：你有什么想说的？

生：批判并不是盲目否定，必须建立在深入思考、反复验证的基础之上。在这道题上，我们差点儿就犯了错误。

设计意图：批判性思维是小学生身上比较缺乏的一种思维品质，批判性思维薄弱是长期应试教育和教师一言堂的结果。通过对这两个问题浓墨重彩的讨论，激起学生敢于说"不"的勇气，同时使学生知道想说"不"没那么容易，需要反复求证。

三 实践感悟

通过这节课的学习，学生逐渐体悟到什么是思维的创造，什么是创造的乐趣，并在"出错"过程中认识到自己的不足之处。通过这节课的实践，笔者更深切地感受到情境对于儿童创造性思维的引领作用。

（一）趣味情境，激发儿童创造性思维的内部动机

在这节课中，学生们保持着"愤悱"的状态，表现出极大热情，这缘于整节课都是由一个个生动有趣的情境串联起来的。这些情境充分调动了学生的积极性，使他们在放松、愉悦的状态下不由自主地持续思考、深入思考、创造性地思考，并着迷于思考所带来的快乐与奇妙。加德纳认为，天才个

体正是在追求长期的、有意义的和受内部动机驱使的事业中做出创造性工作的，这些事业要求他必须全身心投入。创设情境作为激发学生思维的外在条件，在很大程度上达到了激发学生创造性思维的目标。

（二）探究情境，引领儿童体验创造性思维的过程

创造性思维的过程是问题探究的过程。这节课中创设的"种树""移动小木棍""见面分一半"等问题情境引领学生打破一般的思维形式，激励学生去想象，去另辟蹊径，去逆向思考，使学生经历了创造性思维过程。如果我们经常设置这样的创造性思维训练课程，将有利于学生突破功能固着的束缚，探索新的认知途径，从而帮助学生解开创造性思维的锁链，不断提高他们思维的创造性。

（三）质疑情境，引导儿童感受创造性思维的严谨态度

"货轮上载着 82 匹马、41 只羊，你知道驾驶货轮的人多大年纪吗？"一开始用类似的问题提问学生，学生总会千方百计给出自己的答案，很少有学生敢于质疑问题本身，由此提醒学生不要迷信权威，而要发出自己的声音。紧接着又创设一个"王子施舍钱财"的问题情境，学生自然而然敢于质疑了：条件不足，无法计算。这时，教师又引导学生进行多次假设、计算，发现假设不同、结果却相同，并不是没有答案。这两个问题情境的创设告诉学生：创造性思维需要敢于质疑的精神，但任何结论的提出必须建立在深入思考、反复求证的基础上，需要有科学严谨的态度。

教师不只是简单地传授知识，更应撒下创造的种子，唤醒儿童的创造潜力。然而，只有教师首先具备创造教育的先进理念，并注入到教育实践中去，才能完成这样美丽的转身！

江苏省南通师范学校第二附属小学　徐斐

让课堂成为儿童创新的沃土

随着《李吉林和情境教育学派研究》一书的出版，关于本土教育学派的话题再次成为我国教育界关注的焦点。中国教育学会会长顾明远认为，情境教育思想具有浓郁的中国文化特色，是"具有中国特色、中国气派、中国风格的教育思想体系"。中央教育科学研究所原所长卓晴君认为，李吉林的思想和行为总是走在时代的前列，"为我们教育工作者树立了一个教育创新的典范，她是教育创新的一面旗帜"。

人们常把教师比喻为"园丁"，李吉林却认为农民的耕作，对教师有更深一层的启发。农民首先是一个播种者，他要为了种子的发芽，把土地深耕细作，施好底肥；为了种子萌发，培育好土壤。儿童的创造力正如"沉睡在土壤中的种子"，需要教师去"精心耕种"。唯其如此，"教师已不再仅仅是一般意义上的知识的传授者，而是播种者，唤醒者，鼓舞者——去播撒创新的种子，去唤醒创新的潜能，去鼓舞创新的志向"。为此，李吉林做了许多思考和探索，使课堂真正成为创新人才成长的沃土。

创新人才培养的突破口

苏霍姆林斯基说："教育，如果没有美，没有艺术，那是不可思议的。"早在20世纪80年代初期，李吉林就开始了审美课题的研究，提倡"让艺术走进语文教学"，1997年更明确地主张教学应当倡导"美感性原则"。

李吉林常说，美是创新的出发点，美让孩子走向创新。在她看来，创新是人的情感与智慧交融的结晶，通过美，我们不仅可以培养学生健康高尚的审美情趣，而且可以熏陶、感染学生的幼小心灵，进而在学生获得美感的过程中，产生创新的欲望和动力，所以她一直将美作为儿童创新潜能开发的突破口。

30多年的探索，李吉林总结出"再现美的教学内容""选择美的教学手段""运用美的教学语言""表现美的教师仪态"等多种方式，构建了一个个独特而充满灵性的"审美场域"，培养儿童的创新精神，进而影响儿童的整个精神世界。"当他们长大以后，会因为追求美的境界，而不惜代价地为事业、为民族、为人类去创造，真正成为有益于社会的创新人才。"她以为，这才是我们今天培养创新人才的终极目标。

给孩子宽阔的思维空间

没有思维就没有创新可言，思维迸发出来的最灿烂、最具价值的火花就是创新。培养儿童的创新能力，首先必须开发儿童的创新思维。李吉林认为，这种思维并非传统意义上一味注重抽象、概括、归纳和演绎的逻辑思维，并非追求统一答案的定向思维，教师应引导、鼓励儿童想得远些，想得快些，想得与过去不一样，想得与别人不相同。

她创造性地提出"要给孩子一个宽阔的思维空间"的教育主张。在她的心目中，"宽阔的思维空间"就是可以随意地想，甚至可以想入非非，想错了也无妨，不受约束，没有规定，不需剪裁，唯有这样，才能促使儿童无拘无束地思考。她说，儿童思维空间的"宽"与"窄"与教师的主导思想紧密相连，所谓某老师把学生教"活"了，某老师把学生教"呆"了，这是与教师提供思维空间的"宽"与"窄"相关的。

情境教育创设的"优化的情境"具有和谐的美感、广远的意境以及情感的驱动，因而它成为最适宜儿童展开幻想的思维空间，凭借情境激起的想象，儿童可以视通万里、思接千载，在臆想中揣摩，在幻境中创新，创新思维也就从中得到了锻炼。

建立实践创新的运行机制

诺贝尔经济学奖获得者、瑞典科学家赫伯特·亚历山大·西蒙（Herbert

Alexander Simon）和瑞典心理学家安德斯·埃里克森（Anders Ericsson）认为，任何领域里天才的产生都是本人坚持不懈努力的结果，"任何人在自己感兴趣的领域中经过10年时间的训练，都可以有天才般的表现"。李吉林从天才成长的"十年定律"中得到启示，认为训练是创新能力培养的必由之路。

新课改强调用活教材，教活学生，让课堂教学充满活力。但李吉林认为，小学阶段的课程是基础性的，基础的形成依赖于学生的亲身实践，在实践中体验，在实践中感悟，在实践中熟练，在实践中提升。因而，在把学生教"活"的同时，务必要讲究"实"。她所讲的训练绝对不是"题海战术"。她说，我们绝不能将训练和那些单向的习题练习混为一谈，"训练，是能力的训练，说得更明确一些是实践能力的训练，实践是创新的基础，创新是实践产生的价值"。在她看来，实践训练的目标就是为儿童的创新打下必要的基础。

凭借优化的情境，她给学生设计了观察、探究、审美、评判和语言等活动，既引导学生用形象思维展开联想、想象，甚至浮想联翩，又引导学生进行推理判断的逻辑思维，让学生沉思冥想，通过多样性的教学手段，让学生在趣中学，在做中学，使得看似矛盾的"活"与"实"相互交融，相辅相成。

构建"宽容、宽厚、宽松"的师生关系

作为中国的文化象征，"师道尊严"由来已久，但"师道尊严"必然导致教师的威权以及随之而来的儿童主体性的沦丧。多少年来，我们所培养的人才亦步亦趋，畏首畏尾，不敢逾越雷池一步，折射出的恰是这种长期被扭曲的师生关系。

"这虽然不是教师的本意，但这种有距离、有鸿沟的师生关系，却严重地摧残了学生处于萌芽状态的创新潜能。"李吉林深有感触地说，一个爱学生的教师应该学会"宽容、宽厚、宽松"。"宽容是一种伟大的精神，有了这点精神，教师就不再是凌驾于学生之上的知识传授者，不再'唯我独尊'、'唯我独是'。"

她提出了一些切实可行的具体措施：一是倾注期待。她从"罗森塔尔效应"中得到启示，认为教师倾注的殷切期待会积极作用于儿童的内心世界，使他们从中汲取力量，进而形成强大的创新驱动力。二是真情交融。李吉林说，情感可以在无意间激活儿童的创新动机，美好的情感会使人变得聪明起来，因而建设和谐的师生关系应以情感为纽带，让教学充满生命活力。三是合作互动。儿童在学习活动中相互倾听小伙伴的发言，从各自不同的角度去思考、去发现，并在这种互动交往中引发

新的思考。在这样亲和、互助的环境中，培养起儿童敢于创新的勇气、乐于创新的热情以及"我能创新"的自信，这对释放他们的创新潜能无疑是大有裨益的，也为他们日后事业的成功奠定了"第一块基石"。

（本文原载于《中国教育报》2012年4月3日第8版，
作者：王灿明，收入本书时略有改动）

拓展情境教育研究新领域

素闻李吉林先生毕其一生心力于小学课堂的儿童天地里辛勤耕耘，在桃李芬芳中度过数十个硕果累累的春秋，放飞了几代人的教育梦想，成就了成千上万名儿童的远大志向，创建了被誉为"蕴含东方文化智慧的课程范式，回应世界教育改革的中国声音"的情境教育。每每看到李吉林先生与南通大学教科院同人交流的照片，我一直有意要去拜望她，并聆听她的谆谆教诲。可惜斯人在 2019 年已经仙去，我由来已久的心底之愿今生已经无法实现。感叹之余，在夜深人静之时，于异国他乡之处，手捧南通大学教授王灿明的《情境教育促进儿童创造力发展：理论探索与实证研究》一书，顿感欣喜和宽慰。细细品味这部 50 万字的作品，我认为，该书具有以下三个鲜明特色。

守本出新，继往开来

基于情境教育和西方创造力研究的汇合理论，构建儿童创造力发展的情境建构论。作者积极汲取李吉林情境教育思想的丰富养分，全面解读情境教育的理论观点，同时系统梳理西方创造力研究的汇合理论，注重提炼创造教育的国际经验，开展国际视野下的本土探索，创造性地提出了儿童创造力发展的情境建构论。它既有理论上严谨的逻辑推理，又有持续 5 年的教育实验实证数据分析的支撑；既有理论层面的思辨和分析，又有情境道德、情境语文、情境数学、情境英语、情境科学等小学各个学科领域的实践探索。不难看出，儿童创造力发展的情境建构论既传承和发展李吉林情境教育思想，又积极推进儿童创造力发展研究，是兼具时代精神和本土特色的原创性科研成果。

立足理论，扎根实践

将儿童创造力发展的情境建构论，融汇到小学学科教学实践，追求儿童良性发展。教育理论研究成果应用于一线实践时，常常陷入两张皮的尴尬境地。细细翻阅书中的许多课例，该书很好地破解了这一难题。透过课例的字里行间，我们可以体会到高等院校专家学者与一线教师济济一堂、热烈而不失严谨的研究氛围。这些课例既不脱离日常教学常态，也不追求高大上的教具，更不把课堂弄得如舞台般亮丽精彩，而是注重实效性和启发性，凸显真实性和操作性。撰写课例的一线老师，注重将理论"吃"透，将抽象的教育理论具体化，并完美地融入于自己所教的课程内容，生动诠释了情境教育促进儿童创造力发展的过程与方法。一个个真实课例的描述，洋溢师生鲜活话语的教学实况，构成了一幅幅情境教育引领小学教师专业成长的生动画卷。

始于问题，终于实证

教育实验的横断设计与追踪研究结果，坚实地奠定了情境建构论的理论基石。众所周知，与实验室实验研究不同，教育实验面临着更多挑战，无论是自变量的操作，还是额外变量的控制，都存在着一些不确定性，因而教育实验的成功案例并不常见，这也从一个侧面印证了该书研究成果的可贵。本书的1个实验总报告和8个分报告，是王灿明教授拖着孱弱的身体深入城乡8个实验基地，手把手地指导实验探索而成的。这种以严谨的实验设计和规范的实验操作开展的大规模实证研究为今后的情境教育研究提供了一个参考案例。

综阅全书，无不感受到该研究团队走出书斋、走入基层、走进课堂，和一线教师并肩同行的探索精神。该著作积极拓展情境教育研究的新领域，着力探寻儿童创造力发展的新途径，成功构建儿童创造教育的"情境驱动模式"，值得广大教育理论工作者和一线教师学习借鉴。

（作者：尹建军，美国杰克逊州立大学教育与
人文发展学院博士生导师、终身教授）

（本文原载于《中国新闻出版广电报》2020年5月15日综合书评版）

让创造点亮童年

——记南通大学教授王灿明及其儿童创造力课题研究

"实际上，总课题组已成为一所无形而有效的'教师发展学校'，各实验课题是诸多'分校'，极大地促进了一线教师的专业发展，建构了大学学术研究'下嫁'和中小学实践研究'上靠'的有效行动范式……"3月24日，"情境教育与儿童创造力发展的实验与研究"实验项目结题鉴定会在情境教育发源地南通师范学校第二附属小学举行，专家们如是表示。"让情境驱动创造，让创造点亮童年"是该课题主持人、江苏情境教育研究所所长、南通大学教授王灿明的教育梦想。4年来，从理论到实践，从城市到农村，通过高校与小学、幼儿园的合作探究，王灿明正和他的团队将梦想一步步变为现实。

着眼"创造"，寻找研究土壤

"让创造成为儿童的向往""情境教育要以思维为核心，着眼创造性"，多年来，王灿明始终谨记李吉林的嘱托。情境教育汲取中国古典文论中意境说的精华并创造性地运用于教育，不断探索基础教育发展的变革之路。创新时代的儿童创造教育面临许多新的挑战。2012年，王灿明抓住这一契机，向情境教育研究深处漫溯，一举拿下国家社科基金项目。

此后，他组建了一支以高校教授、博士为主体开展理论研究，以特级教师、学术带头人、骨干教师为主体进行实践研究的课题团队，一头扎进实验基地。他们选取8所小学的一、三、五年级18个班和4所幼儿园的小、中班8个实验班，针对语文、数学、美术等多个学科，开展七巧板、民间艺术、绘本阅读等12项探索性实验，逐步建构起儿童创造力发展的"情境驱动模式"。此外，课题团队还对 116 个实验课例、102 名儿童进行质化研究。

通师二附的"学科情境教学促进儿童创造力发展"实验研究，通州幼儿园的"美术情境教育促进幼儿创造性思维发展"实验研究……诸项结果显示，无论是小学生还是学前儿童，情境教育均显著促进了他们创造性思维的发展，这给了研究团队一个个惊喜。

一线求"真"，打通理实路径

看到实验在中期就取得较好成效，于是，王灿明又往前迈了一步——他主动将实验基地从南通市区、县城拓展到偏远乡镇、农村。小学学科情境教学实验设计、小学数学情境教育实验研究、小学情境性语义链接实验研究……虽然没有刚性的实施指令，但多所学校主动报名，积极参与，一项项实验彰显出不同学校的教学理念和办学特色，呈现出勃勃生机。

教育科研进基层为一线教师带来了福音。"王教授给我们提供了这么好的平台，我感到非常荣幸。"通师二附的年轻教师王玉娟作为主持人，成功申请到了省级课题"基于儿童创造力发展的情境教学设计研究"。如东县孙窑小学教师薛志华几乎以一己之力完成了该校的实验研究，他所在的乡村小学还因此多次得到媒体关注。高校教授和博士不仅为基层教师提供了国家课题的研究机会，也弥补了他们所缺失的理论和方法，促进基层教师将理论与实践贯通，极大提升了基层教师的专业自信。

高校的"专"与基层教师的"群"结合，挑战必然不小。通州幼儿园园长张宏云至今对当初面临的困难记忆犹新："教育研究的规范性和严谨性、研究前途的未知性以及新领域的挑战性都对我们提出了很高的要求。不过王灿明教授多次带领团队成员莅临我们幼儿园，他的悉心指导给了我们前行的勇气和信心。"

在这过程中，王灿明扎根一线，在与教师们实验操作与讨论中探究"真问题"，发现"真知识"，寻找"真方法"。南通市教育局副局长金海清说："王灿明教授给予我们的最大启示，就是让我们明白了基础教育研究要用好高校资源。同时，高校的基础教育研究也要走进基层，到基层去做课程、做课堂、做课题，帮助教师专业成长。"他称赞王灿明为南通高校扎根基础教育做课题"第一人"。

硕果累累，师生共同成长

郭里园小学学生参加华东地区机器人公开赛，3人获一等奖，7人获二、三等奖；崇川学校学生王周洲在全球最大规模、最高水平的机器人大赛中勇夺小学组冠军，为中国争得了荣誉；通师二附、如东县宾山小学学生先后出版了作文集……情境教育实验有效促进了当地儿童创造力的发展，实验班学生在科技创新和作文竞赛中屡创佳绩。"看着孩子们津津有味地说着自己的故事，那脸上洋溢的自信与笑容让我由衷地感到激动和欣慰。"张宏云说。

与此同时，情境教育实验也激发了教师的创造力，加速了教师的专业成长。4年中，陆红兵、唐颖颖、杨慧娟等6名教师被评为省特级教师，一大批教师在学科竞赛、教学科研中脱颖而出。

截至目前，王灿明主持的课题已出版专著10部，在《教育研究》等CSSCI期刊发表论文11篇，在《人民教育》等核心期刊发表论文13篇，在《光明日报》等主流媒体发表文章21篇，在美国、新西兰、韩国和我国台湾学术期刊上发表论文4篇。其中，李吉林的论文《学习科学与儿童情境学习》荣获全国教育科学研究优秀成果一等奖和江苏省哲学社会科学优秀成果一等奖，王灿明的专著《儿童创造教育新论》荣获中国创造学会创造成果一等奖。

（本文原载于《江苏教育报》2017年4月14日第1版，
作者：刘璐、王艳芳）

参考文献

一 著作

[1] ［美］伯尼·特里林，查尔斯·菲德尔.21世纪技能：为我们所生存的时代而学习［M］.洪友，译.天津：天津社会科学院出版社，2011.

[2] ［美］吉尔福特.创造性才能：它们的性质、用途与培养［M］.施良方，等，译.北京：人民教育出版社，2006.

[3] ［英］克拉夫特.创造力和教育的未来：数字时代的学习［M］.张恒升，译.上海：华东师范大学出版社，2013.

[4] ［美］罗伯特·J·斯滕博格.创造力手册［M］.施建农，等，译.北京：北京理工大学出版社，2005.

[5] ［美］罗洛·梅.创造的勇气［M］.杨韶刚，译.北京：中国人民大学出版社，2008.

[6] ［美］米哈里·希斯赞特米哈伊.创造力：心流与创新心理学［M］.黄珏苹，译.上海：上海教育出版社，2015.

[7] ［英］瑞恩博德.情境中的工作场所学习［M］.匡瑛，译.北京：外语教学与研究出版社，2011.

[8] 曾春玲.小学语文情境教学的思考与实践［M］.广州：广东高等教育出版社，2015.

［9］　陈劲，唐孝威.脑与创新——神经创新学研究评述［M］.北京：科学出版社，2013.

［10］　成尚荣.我们是长大的儿童——情境教育中走出的名师［M］.北京：教育科学出版社，2012.

［11］　甘自恒.创造学原理和方法——广义创造学［M］.北京：科学出版社，2010.

［12］　龚春燕.创新教学策略［M］.北京：北京师范大学出版社，2010.

［13］　顾明远.李吉林和情境教育学派研究［M］.北京：教育科学出版社，2011.

［14］　胡卫平.中国创造力研究进展报告（第1卷）［M］.西安：陕西师范大学出版社，2016.

［15］　胡卫平.中国创造力研究进展报告（2017—2018）［M］.西安：陕西师范大学出版社，2018.

［16］　林崇德.创造性心理学［M］.北京：北京师范大学出版社，2018.

［17］　李吉林.情境课程的操作与案例［M］.北京：教育科学出版社，2008.

［18］　李吉林.情境教育三部曲（三卷）［M］.北京：教育科学出版社，2012.

［19］　李吉林，王林.情境数学典型案例设计与评析［M］.北京：教育科学出版社，2012.

［20］　李吉林.情境教育精要［M］.北京：教育科学出版社，2016.

［21］　李吉林.我在实践中研究教育——《教育研究》发表李吉林论文专集［M］.北京：教育科学出版社，2017.

［22］　李吉林.情境教育理论探究与实践创新［M］.北京：北京师范大学出版社，2018.

［23］　李庆明.儿童教育诗——李吉林与她的情境教育［M］.南京：江苏科学技术出版社，2014.

［24］　柳小梅."智慧庄园"中的散步：我的情境数学行与思［M］.西安：陕西人民教育出版社，2016.

［25］　钱贵晴，刘文利.创新教育概论［M］.北京：北京师范大学出版社，2009.

［26］　潘莎莎.儿童钢琴情境教学研究［M］.北京：中国国际广播出版社，2020.

［27］　施建平.小学情境作文教学［M］.南京：江苏教育出版社，2015.

［28］ 谭小宏.创造教育学导论［M］.北京：北京师范大学出版社，2012.

［29］ 唐颖颖.小学语文主题情境学习的实践与探索［M］.南京：江苏教育出版社，2015.

［30］ 田友谊.环境营造与儿童创造［M］.北京：人民教育出版社，2012.

［31］ 王灿明.儿童创造心理发展引论［M］.北京：社会科学文献出版社，2005.

［32］ 王灿明.儿童创造教育新论［M］.上海：上海教育出版社，2015.

［33］ 王灿明，等.情境教育促进儿童创造力发展：理论探索与实证研究［M］.北京：中国社会科学出版社，2019.

［34］ 王灿明，等.学前情境教育与儿童创造力发展研究［M］.南京：南京大学出版社，2020.

［35］. 徐云.对李吉林语文创新教育的认识和实践［M］.西安：陕西人民教育出版社，2017.

［36］ 杨莉君.儿童创造教育障碍论［M］.长沙：湖南师范大学出版社，2008.

［37］ 俞文钊，刘建荣.创新与创造力［M］.大连：东北财经大学出版社，2008.

［38］ 袁张度，许诺.创造学与创新方法［M］.上海：上海社会科学院出版社，2010.

［39］ 岳晓东.青少年创造力培养思考与研究［M］.香港：香港城市大学出版社，2011.

［40］ 张军瑾.创造的力量［M］.上海：上海教育出版社，2020.

［41］ 张庆林，李艾丽莎.创造性培养与教学策略［M］.重庆：重庆出版社，2006.

［42］ 周治金，谷传华.创造心理学［M］.北京：中国社会科学出版社，2015.

二 文章

［43］ 成尚荣.中国情境教育的原创性——李吉林理论与实践研究的求真品格［J］.中国教育学刊，2016（10）.

［44］ 成尚荣.李吉林：建构中国特色的情境教育学［J］.江苏教育（小学教学版），2020（8）.

［45］ 程然.李吉林"情境教育"的符号学研究［J］.江苏第二师范学院学报，2016（7）.

［46］ 程然，赵晓梅.论情境教育的中国特色［J］.江苏教育研究，2016（Z4）.

［47］ 丁寿平.从情境走向语义：儿童语文学习的朝向［J］.创新人才教育，2017（3）.

［48］ 董一红.情境教育的魅力［J］.中国德育，2014（3）.

［49］ 杜艳芳.小学生创造力的发展研究［J］.上海教育科研，2009（3）.

［50］ 顾娟.为思维的通透而教——我在数学情境教学上的追求与实践［J］.小学数学教师，2016（5）.

［51］ 顾明远.在李吉林教育思想研讨会上的发言［J］.中国教育学刊，2006（7）.

［52］ 郭毅浩.推广情境教育，丰富南通教育现代化建设内涵［J］.人民教育，2013（Z3）.

［53］ 郭敏.儿童"情境活动"支架的搭建［J］.教学与管理（小学版），2021（4）.

［54］ 郝京华.李吉林情境教育三部曲的课程论意义［J］.中国教育学刊，2016（10）.

［55］ 郝京华.情境教育三部曲的认识论意义［J］.课程·教材·教法，2009（6）.

［56］ 胡金波.情境教育：探求儿童学习的秘密［J］.人民教育，2015（14）.

［57］ 胡卫平.中小学生创造力发展的课堂教学影响因素［J］.教育理论与实践，2010（22）.

［58］ 李吉林.28年趟出一条小路——教育创新需要持久地下功夫［J］.中国教育学刊，2006（7）.

［59］ 李吉林."意境说"给予情境教育的理论滋养［J］.教育研究，2007（2）.

［60］ 李吉林.情境教育的独特优势及其建构［J］.教育研究，2009（3）.

［61］ 李吉林.情感：情境教育理论构建的命脉［J］.教育研究，2011（7）.

［62］ 李吉林.为儿童快乐学习的情境教学［J］.课程·教材·教法，2013（2）.

［63］ 李吉林.学习科学与儿童情境学习［J］.教育研究，2013（11）.

［64］ 李吉林.为儿童学习构建情境课程［J］.中国教育学刊，2016（10）.

［65］ 李吉林.中国式儿童情境学习范式的建构［J］.教育研究，2017（3）.

［66］ 林崇德.创造性人才特征与教育模式再构［J］.中国教育学刊，2010（6）.

［67］ 林崇德，胡卫平.创造性人才的成长规律和培养模式［J］.北京师范大学学报（社会科学版），2012（1）.

［68］ 林崇德，罗良.情境教学的心理学诠释——评李吉林教育思想［J］.教育研究，2007（2）.

［69］ 田慧生.情境教育的理论框架与操作体系［J］.教育研究，2006（9）.

［70］ 陆小兵，钱小龙，王灿明.国际视野下教育促进创造力发展的分析：理论观点与现实经验［J］.新华文摘，2015（10）.

［71］ 柳斌.再谈李吉林老师的"情境教育"［J］.人民教育，2009（5）.

［72］ 刘堂江.李吉林八大成长基因［J］.未来教育家，2015（4）.

［73］ 刘立德.中国特色的教育诗篇素质教育的一面旗帜——李吉林教育思想研讨会暨《李吉林文集》首发式述评［J］.中国教育学刊，2006（7）.

［74］ 刘立德，张璐.向世界教育发展贡献中国智慧——中国情境教育儿童学习范式国际研讨会述评［J］.教育研究，2018（2）.

［75］ 柳小梅.促进学生主动地从"经历"走向"经验"［J］.人大复印资料·小学数学教与学，2013（2）.

［76］ 柳小梅.走出认识误区　创设数学味的情境［J］.中国教育学刊，2009（1）.

［77］ 柳小梅.在"悬念—发现"中走向创造［J］.小学数学教育，2016（2）.

［78］ 刘昕.永远的"萤火虫"——李吉林老师《萤火虫》散文教学赏析［J］.江苏教育（小学教学版），2020（8）.

［79］ 陆晓云.基于创造力发展的儿童绘画研究［J］.南通大学学报（社会科学版），2016（5）.

［80］ 陆平.跟儿童教育家李吉林学教散文——以《燕子》教学为例［J］.小学教学（语文版），2020（3）.

［81］ 陆平，何敏.实用文写作教学情境创设策略探析［J］.语文知识，2016（24）.

［82］ 陆红兵.情境教学中课堂操作例谈［J］.江苏教育，2010（5）.

［83］ 裴娣娜.基于变革性实践的创新——对李吉林情境教育思想的再认识［J］.课程·教材·教法，2009（6）.

[84] 裴娣娜.基于情境教育理念的课堂教学重构[J].中国教育学刊,2016(10).

[85] 庞维国.课堂中的创新学习:生成论的视角[J].华东师范大学学报(教育科学版),2009(4).

[86] 庞维国.中小学教师与学生创新观的测查研究[J].华东师范大学学报(教育科学版),2011(1).

[87] 裴新宁,王美.为了儿童学习的课程:中国情境教育学派李吉林情境课程的建构[J].教育研究,2011(11).

[88] 裴新宁.国际视野下李吉林情境课程优势分析[J].中国教育学刊,2016(10).

[89] 乔翠花,刘正奎,晏静露.青少年课堂学习与创造性思维发展的相关分析[J].教育理论与实践,2017(34).

[90] 秦虹,张武升.创新精神的本质特点与结构构成[J].教育科学,2006(2).

[91] 王湛.让教育与生活走得更近——对李吉林情境教育的三点认识[J].人民教育,2018(2).

[92] 王灿明.关于中小学生创造性思维发展的三个问题之探索[J].南通大学学报(教育科学版),2005(4).

[93] 王灿明.创造性教学的核心理念、路径选择与条件分析[J].当代教育论坛,2008(8).

[94] 王灿明.创新:情境体验的本质[J].中国教育学刊,2010(1).

[95] 王灿明.中国当代创造教育:探索、困境与对策[J].现代基础教育研究,2011(4).

[96] 王灿明.情境教育:中国气派的教育学派[J].教育研究,2013(3).

[97] 王灿明.情境教育视域下的儿童创新教育[J].中国教育学刊,2014(2).

[98] 王灿明,钱小龙.创新时代的儿童创造教育:理论建构与实践路径[J].教育研究与实验,2016(4).

[99] 王灿明,刘璐.植根本土的中国情境教育探索[J].教育研究,2016(11).

[100] 王灿明,许映建.我国小学创造教育40年:模式、经验与展望[J].现代基础教育研究,2019(1).

[101] 王灿明.情境教育四十年的回顾与前瞻 [J].南通大学学报（社会科学版），2020（3）.

[102] 王灿明.情境教学集中推广的成功尝试 [J].江苏教育（教育管理版），2020（8）.

[103] 王灿明.情境：意涵、特征与建构——李吉林的情境观探析 [J].教育研究，2020（11）.

[104] 王海峰.情境自觉：小学情境数学的应然追求 [J].江苏教育研究，2014（1）.

[105] 王海峰.让数学学习真正发生，须以情境为桥 [J].教学与管理，2018（8）.

[106] 王亦晴.聚焦儿童学习，情境教育迈入新阶段 [J].教育研究，2014（3）.

[107] 王玉娟.情境教育学派的本土建构与发展 [J].课程·教材·教法，2012（4）.

[108] 王玉娟.情境，唤醒创新潜能 [J].小学语文教师，2014（11）.

[109] 文云全.儿童创造力发展的情境性特征 [J].现代中小学教育，2015（11）.

[110] 吴康宁.李吉林教育思想基本特征与情境教育研究拓展空间 [J].课程·教材·教法，2009（6）.

[111] 吴康宁.李吉林情境教育体系的"厉害"之处 [J].中国教育科学，2019（2）.

[112] 吴康宁.情境教育是什么，从哪里来，往哪里去 [J].人民教育，2019（17）.

[113] 吴刚.情境教育与优质教学 [J].课程·教材·教法，2009（6）.

[114] 吴刚.论中国情境教育的发展及其理论意涵 [J].教育研究，2018（7）.

[115] 沈林，黄翔.数学教学中的情境设计：类型与原则 [J].中国教育学刊，2011（6）.

[116] 施建平.奇趣童话镇："盗"一个想象空间让学生尽情"撒野" [J].创新人才教育，2016（12）.

[117] 施建平.用生活润泽童心　以真情叙写生命——情境作文的探索 [J].人民教育，2013（Z3）.

[118] 生家琦.小学情境数学教学原理与操作要领 [J].人大复印资料·小学数学教与学，2015（3）.

［119］陶西平.新时代教育改革的壮丽画卷——从情境教学到情境教育［J］.中国教育学刊，2016（10）.

［120］杨九俊.人生的意义：试说李吉林老师对教育的贡献［J］.人民教育，2006（19）.

［121］杨惠娟.小学数学情境教育发展儿童创造性思维［J］.江苏教育研究，2014（34）.

［122］余文森：论情境教学的教学论意义、类型及创设要求［J］.中小学教材教学，2017（1）.

［123］严清.从教育装备的演变看儿童学习的情境性规定［J］.江苏教育研究，2014（19）.

［124］叶水涛.教育实践的"中国智慧"——李吉林情境教育理论的创建［J］.中国教育学刊，2018（8）.

［125］张杰.基于儿童言语创造力培养的七巧板游戏作文［J］.创新人才教育，2017（2）.

［126］赵娟.基于创造性思维发展的习作情境创设［J］.创新人才教育，2017（2）.

［127］张景焕，林崇德，金盛华.创造力研究的回顾与前瞻［J］.心理科学，2007（4）.

［128］张定强，张元媛.数学情境创设的机制性分析［J］.中小学教材教学，2016（6）.

［129］张定强，张元媛，王彤.数学情境教学：理解现状与增润课堂［J］.中小学教师培训，2017（5）.

［130］张武升.关于创新规律与创新人才培养的探讨［J］.教育学报，2006（4）.

［131］张武升.学生创新精神与实践能力培养的特点［J］.人民教育，2007（9）.

［132］周益民.儿童成了"词的音乐家"——李吉林老师《小小的船儿》诗歌教学赏析［J］.江苏教育（小学教学版），2020（8）.

［133］周志扬."深度学习"观点下的物理情境教育——以"导体的电阻"教学片段为例［J］.物理教师，2020（10）.

［134］祝禧.让儿童插上想象的彩翼飞翔——李吉林老师《我是一棵蒲公英》习作

教学赏析［J］.江苏教育（小学教学版），2020（8）.

［135］朱小蔓.从教师中走出的教育专家和儿童教育家［J］.中国教育学刊，2006（7）.

［136］朱小蔓.情境教育与儿童学习［J］.课程·教材·教法，2009（6）.

后　记

《情境教学的力量——促进儿童创造力发展的 25 个典型课例》系国家社会科学基金教育学一般项目"情境教育与儿童创造力发展的实验与研究"的研究成果，为《情境教育促进儿童创造力发展：理论探索与实证研究》（中国社会科学出版社，2019 年出版）的姊妹篇。

课例研究是促进教师专业成长的一种有效路径。它是以真实的课堂教学为载体，以解决教师在课堂教学中遇到的现实问题为宗旨，通过对教学问题的再现和描述来揭示教学的改进过程，讲述教学改进背后的观念和认识。尽管课例研究针对实验教师的真实活动进行了研究与反思，但我们也不能指望通过一两个课例研究就能揭示教育规律，对情境教育的理论和方法的普适性要有长期反复的思考。为此，课题组负责人和核心成员经常深入实验学校听课评课，与实验教师共同研讨情境教育与儿童创造力发展实验中遇到的各种问题。在此基础上，先后召开 6 届实验案例展示和研讨会，最终形成具有"统一认识、统一方法、统一风格"的 71 个课例，我们精选其中的 25 个典型课例汇编成书，包括 13 个语文课例和 12 个数学课例。

李吉林从古代文论"意境说"中概括出"真、美、情、思"四大元素。受此启发，我们将本书课例分成"真的意蕴""美的润泽""情的交融"和"思的追寻"四大板块，每个课例包括"实践理念""课堂实践"及"实践感悟"，重在学理分析。如果说《情境教育促进儿童创造力发展：理论探索与实证研究》一书呈现的是课题组的理论探索成果和实验研究报告，那么，本书展现的则是实验班鲜活的情境教学课堂，既有真实性、典型性和实效性，又有趣味性、启发性和时代性，为深化课堂教学改革、加强创新人才培养提供了"可借鉴、可复制、可推广"的南通经验。两者相映照，可以更充分地展示课题研究的全貌。

本书编写是在中国发明协会中小学创造教育分会、江苏省教育学会情境教育专业委员会的领导下进行的，由王灿明担任主编，陆平、陆红兵、杨惠娟担任副主编，张洪涛、柳小梅、陈晶做了大量的组织协调和具体工作。

中国教育学会原副会长、情境教育创始人李吉林生前一直关心着本书的写作，美国杰克逊州立大学教育与人文发展学院终身教授尹建军、华东师范大学心理与认知科学学院教授庞维国、南京师范大学教育科学学院教授郝京华和程晓樵、中国发明协会中小学创造教育分会会长谭迪熬、江苏省教育学会情境教育专业委员会理事长金海清给予了许多指导，华中师范大学心理学院教授周治金和龚少英、江苏省教育学会副会长叶水涛、江苏省教育学会情境教育专业委员会顾问严清先后参加书稿讨论会，提出过许多中肯的修改意见，在此一并致以诚挚的谢意！

编委会

图书在版编目（CIP）数据

情境教学的力量：促进儿童创造力发展的 25 个典型课例／王灿明主编 . —上海：华东师范大学出版社，2022

ISBN 978-7-5760-2897-3

Ⅰ.①情… Ⅱ.①王… Ⅲ.①课堂教学—教学研究—中小学 Ⅳ.① G632.421

中国版本图书馆 CIP 数据核字（2022）第 095766 号

大夏书系·教师专业发展

情境教学的力量
——促进儿童创造力发展的 25 个典型课例

主　　编　王灿明
策划编辑　杨　坤
责任编辑　万丽丽
责任校对　杨　坤
装帧设计　奇文云海·设计顾问

出版发行　华东师范大学出版社
社　　址　上海市中山北路 3663 号　　邮编　200062
网　　址　www.ecnupress.com.cn
电　　话　021-60821666　　行政传真　021-62572105
客服电话　021-62865537
邮购电话　021-62869887　　地址　上海市中山北路 3663 号华东师范大学校内先锋路口
网　　店　http://hdsdcbs.tmall.com/

印　刷　者　北京密兴印刷有限公司
开　　本　700×1000　16 开
插　　页　2
印　　张　17.5
字　　数　263 千字
版　　次　2022 年 10 月第一版
印　　次　2022 年 10 月第一次
印　　数　6 100
书　　号　ISBN 978-7-5760-2897-3
定　　价　62.00 元

出 版 人　王　焰

（如发现本版图书有印订质量问题，请寄回本社市场部调换或电话 021-62865537 联系）